JN430614

벌거벗은
한국사

기획 · tvN STORY 〈벌거벗은 한국사〉 제작진

과거의 어느 시간대로든 떠나, 우리나라 역사 속의 중요한 사건과 흥미로운 인물들을 만날 수 있는 '역사 스토리텔링' 프로그램을 만들었습니다. 우리 역사의 장면을 재밌고 흥미진진하게 전달하면, 여러분의 기억 속에 오래 남을 수 있을 거라는 생각으로 만든 것이 〈벌거벗은 한국사〉입니다.

글 · 이현희

세상에 대한 호기심이 많고, 재미있는 이야기를 좋아합니다. 방송 작가로 일하며 다양한 교양, 다큐 프로그램을 만들고 있습니다. 쓴 책으로는 제4회 미래엔아이세움 어린이 책 공모전 우수상 수상작인 《바이러스를 이겨 낸 위대한 처음》와 《궁금한 이야기+ 4차 산업혁명》 《딱 한마디 의학사》 《10대를 위한 돈으로 살 수 없는 것들》 등이 있으며, 함께 쓴 책으로는 《모래 폭풍 속에서 찾은 꿈》이 있습니다.

그림 · 이효실

중앙대학교에서 한국화를 공부하고 영국 킹스턴 대학교에서 일러스트레이션을 공부한 뒤, 현재 어린이 책 그림 작가로 활동하고 있습니다. 차분하면서도 편안한 그림으로 아이들의 마음을 따뜻하게 담아냅니다. 《난 꿈이 없는걸》 《쉿! 갯벌의 비밀을 들려줄게》 《가족 바꾸기 깜짝 쇼》 《좋아서 껴안았는데, 왜?》 《부릅뜨고 꼼꼼 안전》 《부릅뜨고 똑똑 표지판》을 비롯해 여러 어린이책에 그림을 그렸습니다.

감수 · 임기환

서울대학교 국사학과를 졸업하고 경희대학교 대학원에서 박사 학위를 받았습니다. 현재 서울교육대학교 사회과교육과 명예 교수이며 교육전문대학원장을 지냈습니다. 한국고대사학회 회장을 지냈습니다. 지은 책으로 《고구려 정치사 연구》 《고구려와 수·당 70년 전쟁》이 있고, 함께 지은 책으로 《미래를 여는 한국의 역사 1》 《온달, 바보가 된 고구려 귀족》 《고대로부터의 통신》 《고구려 문명 기행》 《고구려 유적의 어제와 오늘》 《고구려 왕릉 연구》 《현장 검증 우리 역사》 《고구려 평양성의 막강 삼총사》 등이 있습니다. 더 많은 이에게 우리나라 고대사에 관한 다양한 이야기를 들려주기 위해 tvN STORY 〈벌거벗은 한국사〉에 출연했습니다.

벌거벗은 한국사

11 동아시아 강대국 고구려의 탄생과 전성기

기획 tvN STORY 〈벌거벗은 한국사〉 제작진

글 이현희 그림 이효실 감수 임기환

아울북

'이 땅에서 현재를 살아가는 우리, 이 땅에서 살았을 우리 조상들. 비록 살았던 시간은 다르지만 같은 땅을 딛고 산 수많은 사람들. 그들은 과연 어떤 삶을 살았을까?'
저희는 이러한 질문에서부터 시작했습니다. 그리고 이 궁금증을 어떻게 해결할 수 있을지 고민했습니다. 이런 고민 속에서 우리는 뜻을 모을 수 있었습니다.

〈벌거벗은 한국사〉는 과거행 특급 열차 히스토리 트레인 익스프레스(HTX, History Train Express)를 타고, 한국사 여행을 떠납니다. 반만년 우리 역사의 수많은 사건과 인물들이 있는 '역사의 현장'에 도착하지요. 그리고 그 뒤에 숨은 이야기를 벌거벗겨 봅니다.

많은 역사적 사실들은 어렵고 딱딱하고 접근하기 어려운 부분이 있지만, 역사의 현장감을 살린 쉽고 재미있는 스토리텔링 방식이라면 한국사를 부담 없이 즐길 수 있을 거예요.

이 책은 방송 프로그램에서 방영되었던 방대한 역사적 사건과 인물들 중 초등학생이 꼭 알아야 할 필수적인 이야기를 엄선했어요. 주인공들과 함께 HTX를 타고 과거로 가 생생한 현장을 마주하고, 매직 윈도로 당시와 현재를 보면서 한국사를 낱낱이 벌거벗기는 여행을 합니다. 이 과정을 통해 어린이는 스스로 '역사 속 주인공'이 되어 몰입할 수 있어요. 역사 지식을 단순히 아는 것에서 나아가 사건과 인물이 처한 환경과 인과 관계까지 파악할 수 있어 역사적 사고력을 키울 뿐만 아니라, 올바른 역사의식도 세울 수 있지요.

그럼, 지금부터 한국사 여행 출발해 볼까요?

제작진

등장인물

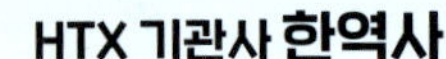

HTX 기관사 한역사

이름에서 풍겨 나오는 역사의 냄새!
한국사를 꿰뚫고 있는 역사 선생님!
선생님이라고 말하지 않으면 옆집 아저씨 같다.
수일 동안 작업실에서 뚝딱뚝딱하더니
HTX 열차를 개발했다. 이쯤이면
역사 선생님인지 과학자인지 헛갈릴 정도!

HTX VIP 탑승객 고왕국 교수

한 쌤의 대학교 은사.
한국 고대사 분야에서 독보적인 존재.
삼국 시대의 유물과 유적을 발굴하는
고대사 발굴 팀을 이끌고 있다.

HTX 탑승객 천만세
이 시대의 진정한 '역알못'으로,
역사를 모르는 친구.
천하장사라 몸으로 하는 건
무엇이든 자신 있다.
충만한 개그감은 덤!

HTX 탑승객 나여주

사극을 두루 섭렵해서
한국사 지식에 빠삭한 친구.
가끔 너무 사극에 빠진 나머지
자기가 주인공인 양 대사를 읊조린다.

HTX 탑승객 마이클

미국에서 온 예의 바른 친구.
케이팝을 좋아해 한국에 관심을 갖다가
급기야 한국사 마니아가 됐다.
반전은 한자 박사라는 것!

벌거벗은 한국사

차례

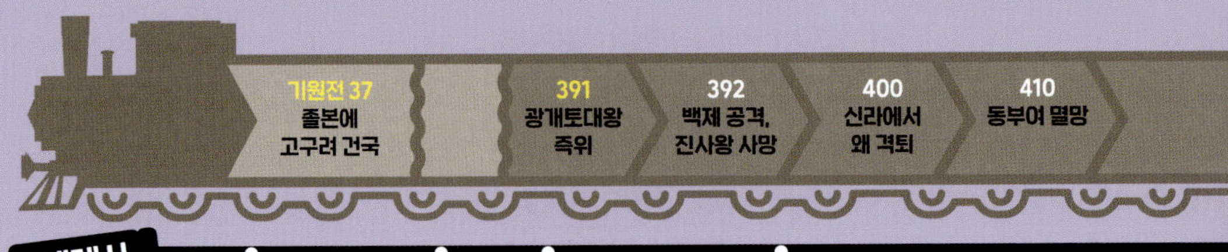

기원전 37
졸본에
고구려 건국
391
광개토대왕
즉위
392
백제 공격,
진사왕 사망
400
신라에서
왜 격퇴
410
동부여 멸망
세계사
기원전 27
로마 제정 시작
316
5호 16국
시대 시작
386
후위 건국
395
로마 제국
동서 분리

<벌거벗은 한국사>
방송 시청하기

역사 정보

벌거벗은 한국사 퀴즈

412	413	414	427	433	475	491
광개토대왕 사망	장수왕 재위 1년	광개토대왕릉비 건립	평양성 천도	나제 동맹	백제 한성 함락, 개로왕 사망	장수왕 사망

420 송 건국

476 서로마 제국 멸망

프롤로그

축! HTX 열차가 도착했습니다.
탑승객 여러분을 환영합니다!
내가 온 줄 아직 모르겠지?
열차 안에 힌트가 있어요.
쌤, 저한테만 여행지 힌트 주시면 안 돼요?

HTX
요즘 빠져 있는
사극은 말이야…….
지금은 운동 중이라
나중에 들을게.

"우아! 이거 알이야?"

마이클이 눈을 반짝이며 소리쳤어요. HTX 열차의 객실 한가운데에 놓인 상자 안에 커다란 알이 들어 있었어요. 달걀보다 훨씬 크고 매끈한 타원형의 알이었죠.

"엄청 크다. 무슨 알이지?"

천만세가 휴대폰으로 사진을 찍으며 신기하게 여겼어요.

"신비로운 분위기가 풍겨. 특별한 생명체가 태어날 것 같아."

나여주도 호기심 가득한 눈으로 알을 관찰하며 추측을 쏟아냈어요.

그때 한 쌤이 한 손에 작은 돋보기를 들고 다가왔어요.

"우리 친구들! 호기심이 폭발했군요. 이 알은 타조알인데, 오늘 여행의 힌트이기도 하죠. 이 알보다 세 배나 큰 알에서 사람이 태어났다면 믿을 수 있겠어요?"

"사람이 알에서 태어났다고요? 그건 신화 아니에요?"

만세가 눈을 크게 뜨고 되물었어요.

"맞아요. 보통 신화하면 신들의 이야기, 신비로운 이야기라고 할 수 있어요. 대표적으로 그리스 로마 신화가 있죠. 우리나라에도 단군 신화를 비롯한 신비하고 흥미진진한 신화들이 가득하답니다. 하지만 신화는 그저 재미있는 전설이나 허무맹랑한 이야기가 아니에요. 그 시대를 살았던 우리 조상들의 생각과 역사적 진실이 모두 담긴 중요한 단서이지요."

한 쌤이 다시 알을 가리키며 덧붙였어요.

"신화에 따르면 알에서 사내아이가 태어났고, 그 아이가 한반도 위쪽에 나라를 세웠다고 전해져요. 과연 알에서 태어난 건국 시조는 누구일까요?"

여주가 손을 번쩍 들고 대답했어요.

"혹시…… 고구려의 주몽? 사극에서 본 적이 있어요!"

그때 사파리 모자를 쓴 고왕국 교수님이 객실 안으로 들어오며 대답했어요.

"딩동댕. 신비로운 탄생 신화의 주인공은 바로 주몽입니다. 주몽은 삼국 시대의 한 축이자 우리나라 역사상 가장 넓은 영토를 차지했던 고구려를 세운 영웅이지요. 그렇다면 알을 깨고 나온 주몽의 이야기는 어디까지가 신화적 상상이고, 어디까지가 사실일지 궁금하지 않나요?"

"아! 그러니까 이번 여행은 고왕국 교수님과 함께하는 고구려의 건국 신화 이야기군요."

만세가 알은체를 하자 한 쌤이 고개를 저으며 설명했어요.

"단순히 건국 신화만 다루지 않을 거예요. 고구려는 무려 700년이 넘는 역사를 지녔거든요. 주몽의 신화에서 나라가 시작되고 그 뒤를 이은 여러 왕들이 강력한 군사력과 왕권을 바탕으로 나라를 발전시켜 갔어요. 4~5세기 무렵에는 위대한 정복왕들이 잇따라 등장해 고구려를 동북아시아의 최강국으로 만들었지요. 이토록 찬란했던 고구려의 역사 속 비밀들을 하나씩 벗겨 나갈 거예요."

주몽 말고도 어떤 왕들이 나올까?
한참 가야겠네. 자면서 체력 충전을 해볼까?
내 전공을 제대로 보여줄 시간이군.
드라마에서 본 주몽을 만나러 가다니!

"신난다! 고구려의 탄생과 전성기까지 모두 만날 수 있겠네요. 지난번 삼국 통일 여행에서는 고구려의 멸망에 대한 이야기만 다뤄서 아쉬웠거든요."

마이클이 신이 나서 목청을 높이자, 만세가 더 큰 목소리로 말했어요.

"저도요. 고구려에서는 어떤 유물과 유적을 발굴할지도 너무 기대돼요. 어서 출발해요."

"좋아요. 과거로 떠나는 한국사 여행을 시작하죠. 고구려의 탄생 역사와 동북아시아를 종횡무진 누빈 정복왕들의 활약상을 만나러 기원전 37년으로 떠날 거예요. 모두 출발!"

한 쌤이 매직 윈도를 누르자 HTX가 과거를 향해 힘차게 달리기 시작했어요.

HTX승객 여러분, 안녕하십니까.
우리 열차는 잠시 후 기원전 37년에 도착할 예정입니다.
안전하고 즐거운 여행 하시길 바랍니다,
감사합니다.
HTX
이렇게 멀리 간 건 처음인 것 같아.

주몽의 고구려 건국 신화

신비로운 탄생

여기가 어딘가요?

어쩐지 신비롭게 보여요!

주몽이 나라를 세운 곳이에요. 그 이야기를 들려줄까요?

여러분! 주몽이 고구려를 건국했던 기원전 37년에 도착했어요. 주몽이 나라를 세우기 전에는 작은 세력 집단들이 모여 연맹하고 있었어요. 이때 주몽이 부여에서 내려와 이들과 함께 고구려를 세운 거예요.

부여는 만주 북쪽 지역의 드넓은 평야에서 성장한 나라로, 주몽은 부여 동쪽 일대인 동부여에서 태어났어요. 그렇다면 주몽은 어떻게 고향인 동부여를 벗어나 고구려를 세우고, 첫 번째 왕이 되었을까요? 신비로운 주몽의 탄생 이야기부터 하나씩 벌거벗겨 볼게요.

부여는
넓은 평야에
자리 잡았네요.
부여
동부여
고조선
진
부여는 우리 역사에서
고조선 다음으로
오래된 나라예요.

해모수와 해백의 딸, 유화의 만남

주몽이 태어날 무렵, 동부여는 금와왕이 다스리고 있었어요. 금와왕의 궁궐 안쪽 별궁에는 '유화'라는 아주 고귀한 여인이 살고 있었지요.

유화는 강을 다스리는 물의 신, 하백의 첫째 딸이었어요. 원래는 청하라고 불리던, 지금의 압록강 깊은 물 속에 살고 있었어요. 그러던 어느 날, 인생을 바꿀 만남이 찾아왔답니다.

유화는 여느 때처럼 두 동생과 함께 강가의 웅심 연못에서 놀고 있었어요. 그때 말을 타고 연못으로 달려오는 근사한 청년이 있었어요. 그는 바로 해모수였어요.

해모수는 하늘을 다스리는 천제의 아들이었어요. 아버지 천제에게 지상을 다스리라는 명령을 받고 다섯 마리 용이 끄는 수레 '오룡거'를 타고 하늘에서 내려 왔어요. 그날 하늘에는 오색 구름이 떠 있었고, 해모수의 뒤로 흰색 고니를 탄 백 명의 신하가 줄을 이었다고 해요.

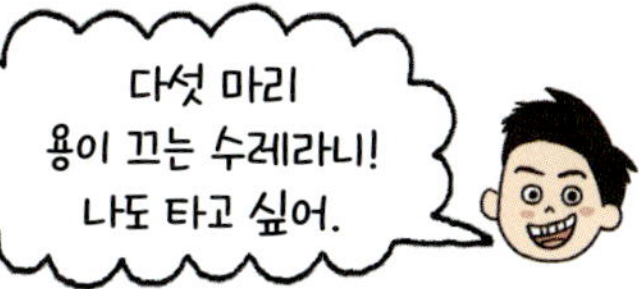

다섯 마리
용이 끄는 수레라니!
나도 타고 싶어.

해모수는 유화를 보자마자 한눈에 반했어요. 그러나 유화는 낯선 남자의 등장에 깜짝 놀라서 동생들과 물속으로 숨었어요. 해모수는 그 자리에서 꼼짝하지 않고 기다렸어요. 유화가 그 자리에 다시 돌아올 거라 믿었거든요. 얼마 후 해모수의 예상대로 유화가 동생들과 다시 웅심 연못가를 찾아왔어요. 해모

HTX VIP 보태기

해모수 이름에 숨겨진 의미

해모수의 '해'는 태양을 뜻해요. 즉, 태양의 신이자 천손을 의미하지요. 따라서 해모수는 고구려가 하늘의 자손이라는 천손 의식을 보여 주는 상징으로 해석할 수도 있어요.

수는 이 기회를 놓치지 않고 유화의 마음을 사로잡아 청혼했어요. 유화도 해모수와 사랑에 빠졌고, 두 사람은 해모수가 지은 궁전에서 함께 지내기로 했어요.

이 사실이 전해지자 압록강 궁전은 한바탕 난리가 났어요. 하백은 딸 유화가 부모의 허락도 없이 결혼을 약속했다며 무섭게 화를 냈어요. 그리고 해모수에게 신하를 보내 크게 호통을 쳤어요. 해모수는 뒤늦게 자신의 잘못을 깨닫고 하백의 허락을 받기 위해 오룡거를 타고 물속 궁전으로 향했지요. 유화도 해모수와 함께했답니다.

그런데 화가 머리끝까지 난 하백은 해모수에게 의심을 품었어요.

'과연 해모수가 천제의 아들이 맞을까?'

결국 하백은 해모수의 정체를 시험해 보기로 했어요. 여기서 퀴즈!

하백은 해모수가 천제의 아들이라는 사실을 어떻게 시험했을까요?

하늘에서 비가 오니까
"네가 천제의 아들이라면 당장 비를 그쳐 봐라."

해모수는 태양의 신이잖아요.
그러니까 낮을 밤으로 만들어 보라고 하지 않았을까요?

둘 다 땡!
힌트를 주자면…… 홍길동을 떠올려 봐요.

홍길동? 분신술을 보여 달라고 했나?

오! 정답과 거의 비슷해요.

분신술이 아니면 변신술?
둘 다 신이니까 변신술 대결을 벌였어요.

정답. 하백은 "천제의 아들이면 신통한 능력이 있을 테니 변신술 대결을 하자!"라고 제안했어요. 해모수도 흔쾌히 받아들였지요.

유화가 초조하게 지켜보는 가운데 해모수와 하백의 변신술 대결이 시작되었어요. 첫 번째 대결이 시작되었어요. 하백은 강의 신답게 순식간에 잉어로 변신했어요. 그러자 해모수는 잽싸게 잉어를 잡아먹는 수달로 변해 하백을 덮쳤어요. 이번에는 하백은 꿩으로 변해 하늘로 도망갔어요. 해모수는 꿩을 잡는 매로 변신해 쏜살같이 날아가 하백을 낚아챘어요. 옴짝달싹 못하게 된 하백은 사슴으로 변해 벗어나려고 했어요. 곧바로 해모수는 사슴의 천적인 사나운 승냥이로 변해 또다시 하백을 쫓아갔어요. 강을 다스리는 신이었지만 하백은 변신하는 족족 해모수에게서 달아나기 바빴어요.

결국 하백은 자신이 변신술 대결에서 패배했다는 것을 받아들이고, 해모수가 천제의 아들이라는 것도 인정할 수밖에 없었어요.

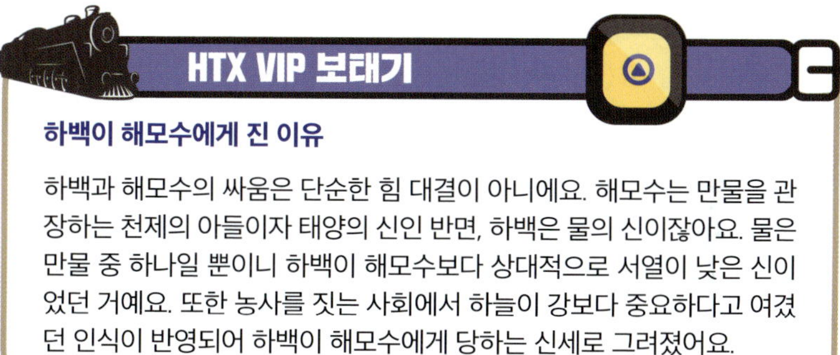

HTX VIP 보태기

하백이 해모수에게 진 이유

하백과 해모수의 싸움은 단순한 힘 대결이 아니에요. 해모수는 만물을 관장하는 천제의 아들이자 태양의 신인 반면, 하백은 물의 신이잖아요. 물은 만물 중 하나일 뿐이니 하백이 해모수보다 상대적으로 서열이 낮은 신이었던 거예요. 또한 농사를 짓는 사회에서 하늘이 강보다 중요하다고 여겼던 인식이 반영되어 하백이 해모수에게 당하는 신세로 그려졌어요.

강의 신 체면이 말이 아니네.
해모수가 하백보다 한 수 위군.

하백은 해모수를 사위로 받아들이고 성대한 혼인 잔치를 열어 주었어요. 그런데 궁금증이 생기지 않나요? 유화는 해모수와 결혼했는데 왜 혼자서 금와왕의 궁궐에서 살았을까요?

어찌 보면 두 사람의 이별은 처음부터 예정되어 있었어요. 유화는 하늘에서 살 수 없는 존재였거든요.

'유화'라는 이름은 버드나무 꽃이라는 뜻이에요. 나무와 꽃

모두 땅에서 자라나며 새로운 생명과 풍요를 상징하는 이름이지요. 그래서 유화는 땅에서 모든 식물과 생명이 잘 자라나게 도와주는 땅의 어머니, 즉 지모신을 뜻해요.

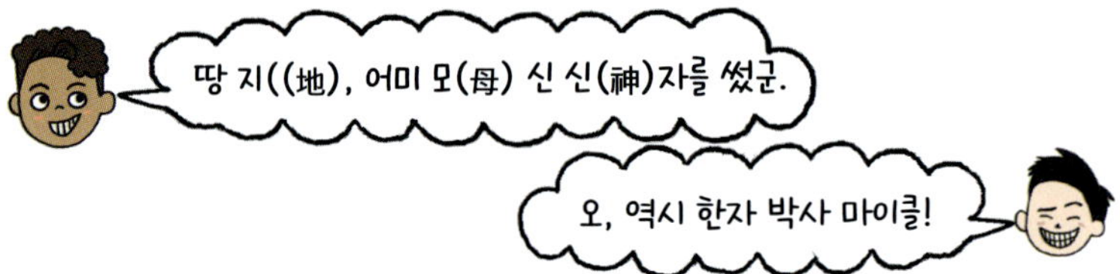
땅 지((地), 어미 모(母) 신 신(神)자를 썼군.
오, 역시 한자 박사 마이클!

그런데 지모신 유화가 하늘로 올라간다면 어떻게 될까요? 땅의 질서와 균형이 무너져 버리지요. 하지만 해모수는 태양이 뜨는 아침에는 지상으로 내려와 나라를 돌보고, 태양이 지는 저녁에는 하늘로 올라가야 했어요. 결국 두 사람은 세상의 균형을 위해 각각 하늘과 땅에 머물며 떨어져 살 수밖에 없는 숙명을 타고난 것이지요.

이런 사정을 알았던 하백은 해모수가 유화를 두고 혼자 하늘로 갈까 봐 걱정되었어요. 그래서 결혼식이 끝나자 해모수에게 7일간 잠드는 술을 먹인 후 유화와 함께 가죽 주머니에 넣고 하늘로 올라가는 수레에 실었어요. 해모수와 유화를 같이 하늘로 같이 보낼 계략이었지요. 하지만 술이 일찍 깬 해모수는 당황하며 유화의 머리에 꽂힌 황금 비녀를 빼 가죽 주머니를

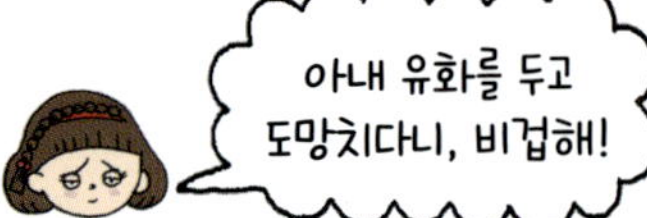
아내 유화를 두고
도망치다니, 비겁해!

찢고 밖으로 나가 혼자 하늘로 떠나 버렸어요. 해모수에서 버림받은 유화는 홀로 땅에 남게 되었지요.

그리고 얼마 후, 동부여의 우발수 강가에서 희한한 일이 벌어졌어요. 어부들이 강가에 그물을 던질 때마다 이상한 생명체가 나타나 물고기를 훔쳐 먹는 거예요.

금와왕은 당장 그 생명체를 잡아 오라고 명령했어요. 강에 도착한 병사들이 그물을 휙 던졌는데 생각지도 못한 것이 걸려들었어요. 바로 해모수에게 버림받은 유화였어요. 대체 어떻게 된 일일까요?

해모수가 혼자 떠나자 화가 난 하백은 유화가 큰 문제를 일으켰다며 우발수 강으로 유배를 보냈어요. 그곳에서 유화는 살아남기 위해 강의 물고기를 훔쳐 먹으며 배를 채우고 있었던 거예요. 금와왕은 유화의 정체와 사연을 듣고 안타깝게 여겨 별궁에서 지내도록 배려해 주었지요.

알을 깨고 나온 명궁

유화가 금와왕의 별궁에서 지내던 어느 날, 별궁 창문으로 쨍쨍한 햇빛이 비쳐 들었어요. 유화가 몸을 이리저리 피해도 햇빛은 졸졸 따라 다녔어요. 그러고 얼마 뒤 유화의 배가 점점 불러왔어요. 아기를 밴 거예요. 나날이 배가 부르던 어느 날, 유화는 출산을 했어요. 그런데 유화가 낳은 건 아기가 아니라 커다란 알이었어요! 그것도 왼쪽 겨드랑이로 낳았지요. 그 알은 무려 다섯 되 정도 되는 크기였는데, 우리가 봤던 타조알보다도 무려 세 배 이상 큰 크기였답니다. 무게로 따지면 대략 5~6킬로그램 정도 되는 아주 신비로운 알이었지요.

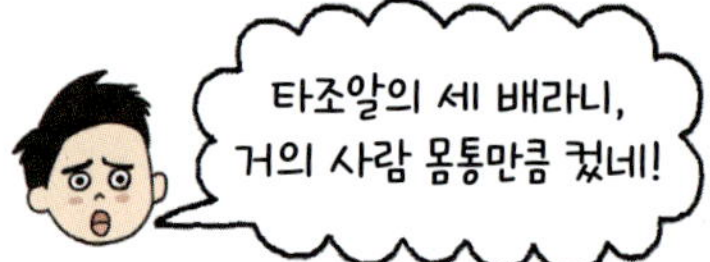

타조알의 세 배라니,
거의 사람 몸통만큼 컸네!

금와왕은 유화가 알을 낳았다는 소식을 불길하게 여겼어요.

난생 설화의 또 다른 주인공들

우리가 태어날 때 주변에서 신기한 태몽을 꾸듯이 나라가 세워질 때는 더욱 거창하고 신비로운 건국 신화가 있어요. 특히 삼국 시대에는 주몽을 비롯해 알에서 태어난 건국 영웅이 많아요. 왜 그런 걸까요?

옛날 사람들에게 알은 태양을 상징했어요. 동그란 알이 동그란 해와 닮았다고 생각했기 때문이에요. 알에서 태어나는 것은 신성한 존재의 탄생을 상징해요.

둥글게 빛나는 태양처럼 특별한 존재가 태어났다!

주몽처럼 비범한 인물이 알에서 태어나는 이야기를 '난생 설화(卵生 說話)'라고 불러요. 난생 설화는 비범하고 영웅적인 면모를 보여주는 신화적 표현이에요. 난생 설화 주인공들은 주몽 외에도 다양해요.

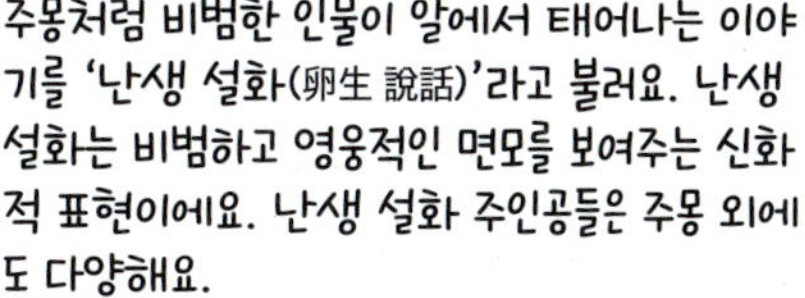

여섯 촌장이 다스리던 사로국에서 박처럼 커다란 알이 갈라지더니 사내아이가 나왔어요. 큰 박을 닮아 성을 '박'씨로 삼고, 빛으로 세상을 다스리라는 뜻에서 '혁거세'라고 지었어요. 천년 왕국 신라의 첫 임금이지요.

나는 신라의 시조, 박혁거세야.

김해 지역을 다스리던 아홉 추장이 춤을 추며 노래를 부르자 하늘에서 금빛 상자가 나타났어요. 그 안에서 여섯 개의 황금 알을 깨고 여섯 아기가 태어났어요. 가장 먼저 깨어난 사람을 가야의 첫 왕으로 모시고, 이름을 '수로'로 지었어요.

HTX VIP 보태기

유화를 임신시킨 햇빛의 정체

유화를 임신시킨 햇빛은 태양의 신 해모수를 상징해요. 유화에게 햇빛이 비친 장면은 해모수가 유화를 잊지 못하고 다시 만났다는 뜻이에요. 그리고 햇빛으로 임신했다는 점은 해모수가 햇빛의 형태로 나타나 하늘의 혈통인 아이를 배도록 만들었다는 신화적 표현이지요. 아울러 주몽이 태양의 강렬하고 신성한 기운을 받은 존재라는 걸 보여 주기 위한 장치로도 해석할 수 있답니다.

"사람이 알을 낳다니 해괴하다. 당장 알을 내다 버려라."

알은 마구간에 버려졌어요. 그런데 어찌 된 일인지 말들이 알을 밟기는커녕 알아서 피해 다녔어요.

금와왕은 다시 알을 깊은 산에 버리라고 했어요. 이번에는 새와 여러 짐승이 알을 포근히 품어 주었어요. 심지어 구름이 잔뜩 낀 흐린 날에도 알 위로만 햇빛이 비쳤지요.

신기한 일들이 계속 일어나자 금와왕은 결국 유화에게 알을 돌려주었어요. 유화는 알을 따뜻한 곳에 두고 애지중지 돌봤어요. 그랬더니 얼마 후 커다란 알에 금이 쩍 가더니 사내아이가 직접 알을 깨고 나왔어요. 훗날 고구려를 세운 영웅, 주몽이 탄생한 거예요.

스스로 알을 깨고 나온 주몽은 범상치 않았어요. 갓 태어난 아기답지 않게 몸집이 크고 늠름했거든요. 한 달이 지날 무렵에는 또박또박 말도 잘했어요. 일곱 살이 되면서부터는 무예에 뛰어난 재능을 보였지요. 특히 활쏘기를 잘해서 백 발을 쏘면 백 발 모두 맞췄어요.

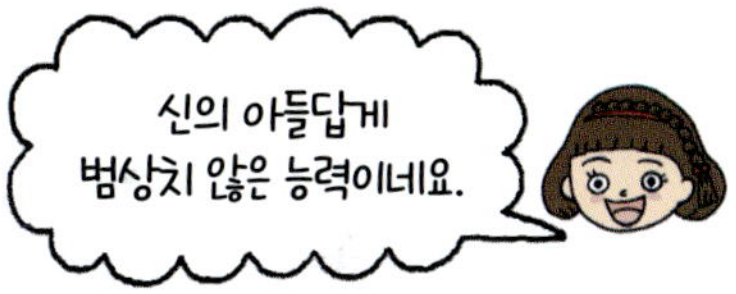

어느 날, 주몽이 잠을 자려고 누워 있었어요. 그런데 파리들이 자꾸 윙윙대며 잠을 방해했어요. 짜증이 난 주몽은 어머니 유화에게 말했어요.

"어머니! 활과 화살을 만들어 주세요!"

유화는 대나무 가지로 활과 화살을 만들어 주었어요. 주몽은 활을 들자마자 파리가 있는 곳을 정확히 겨냥했어요. 핑,

핑, 핑! 화살을 날리자 파리들이 바닥으로 떨어졌어요. 쏘는 족족 명중한 거예요.

"명궁이 따로 없구나. 과연 해모수의 아들이자 하늘의 자손답다."

유화는 묘기와도 같은 아들의 활 솜씨를 보고 기뻐했어요. 천제의 아들인 해모수와 물의 신인 하백의 딸 사이에서 태어난 신의 자손답게 남다른 면모를 보인 것이지요.

사실 주몽이라는 이름도 이때부터 갖게 된 거예요. 당시 동부여 말로 활을 잘 쏘는 사람을 '주몽'이라고 했거든요. 사람들은 주몽의 뛰어난 활 솜씨를 보고 주몽이라 부르기 시작했고, 그게 곧 이름이 된 거지요.

HTX VIP 보태기

주몽의 또 다른 이름, 동명왕

'한국을 빛낸 100명의 위인들' 노래에는 고구려를 세운 시조가 '동명왕'이라고 나와요. '동명왕'은 이름이 아니라 왕을 부르는 칭호인 '왕호'예요. 나라를 세운 시조이기 때문에 '동명'이라는 특별한 의미를 담은 왕호를 붙였던 것이지요. 그 밖에도 주몽 신화가 담긴 기록마다 주몽의 이름은 다르게 적혀 있어요. 〈광개토대왕릉비〉에는 '추모왕'이라고 기록되어 있고, 〈삼국사기〉와 〈삼국유사〉에는 '중해', '추몽', '중모왕'이라고도 전해져요. 표기는 다르지만 모두 고구려를 세운 건국 시조를 가리킨다고 이해하면 돼요.

대소의 질투와 주몽의 시련

주몽은 갈수록 지혜롭고 용맹해졌어요. 활쏘기 실력도 나라 안에서 당할 자가 없었지요. 금와왕의 첫째 아들인 대소는 주몽의 뛰어난 능력을 크게 질투했어요. 대소는 주몽을 없애려는 계획을 세우고 금와왕을 넌지시 부추겼어요.

"아버지, 주몽의 눈빛이 예사롭지 않으니 빨리 죽이지 않으면 반란을 일으켜 왕실을 차지할 수도 있습니다!"

금와왕은 주몽을 차마 죽이지 못하고 마구간으로 보내 허드렛일을 시켰어요.

하루 아침에 마구간지기 신세라니! 분하고 억울하도다.
오~ 주몽 연기하는 거야?

주몽은 화가 났지만 묵묵히 말을 키웠어요. 그래도 마음이 놓이지 않았는지 대소는 점점 더 심하게 주몽을 차별하고 괴롭혔어요. 더 이상 견딜 수 없던 주몽은 어머니 유화에게 자신의 속마음을 털어놓았어요.

"저는 하늘의 자손인데 말이나 기르며 누추하고 서글프게 살고 있습니다. 이곳을 떠나 나라를 세우고 싶습니다."

아들의 마음을 헤아린 유화는 주몽을 데리고 왕실 마구간으로 향했어요. 멀리 떠나려면 튼튼한 말이 필요하다고 생각한 거예요. 마구간에 도착한 유화가 긴 채찍을 휘두르자 말들이 깜짝 놀라 뛰어올랐어요. 이때 붉은빛이 도는 말 한 마리가 지붕 높이만큼 뛰었지요. 주몽은 그 말이 가장 튼튼하고 훌륭한 말이라는 것을 알아보고 굶겼어요. 가장 힘세고 날렵했던 말은 갈수록 비쩍 마르고 볼품이 없어졌어요. 이는 금와왕에게서 명마를 얻어내려는 주몽의 계략이었어요.

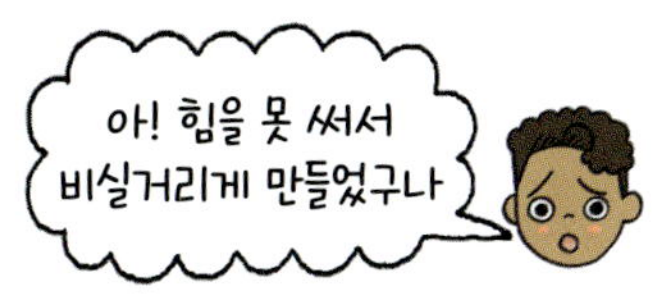

얼마 후, 금와왕이 마구간에 찾아왔어요. 주몽이 말을 잘 키우는지 살펴보기 위해서였지요. 금와왕은 말들을 살피더니 가장 살이 오른 말은 자신이 갖고, 가장 야윈 말을 주몽에게 주었어요. 주몽의 계략이 딱 들어맞았던 거예요. 주몽은 말을 얻자마자 잘 먹여 튼튼한 말로 만들었어요.

네 옆의
가장 야윈 말을
너에게 하사하겠다.

'이곳을 떠나, 새로운 나라를 세워야지!'

주몽은 아무도 몰래 동부여를 떠날 준비를 했어요. 하지만 혼자서 나라를 세울 수는 없었어요. 그래서 믿을 만한 친구 세 명을 찾아갔어요. 바로 오이, 마리, 협보였어요. 주몽의 큰 뜻을 들은 세 친구는 망설이지 않고 고개를 끄덕였어요.

튼튼한 명마를 얻고 든든한 세 친구의 도움까지 약속 받은 주몽은 이제 새로운 나라를 향해 떠날 준비를 마쳤어요. 이때 주몽의 나이는 한창 힘이 넘치는 22살이었어요.

세 친구만이 아니었다?

실제로는 오이, 마리, 협보 세 친구만이 주몽을 따랐던 것으로 보이지는 않아요. 이 세 친구는 동부여에서 주몽을 따르던 작은 집단들의 수장이었을 가능성이 커요. 이들 무리가 주몽을 따랐다는 것은 동부여의 여러 집단이 일찍이 주몽의 뛰어난 능력을 알아보고, 나라를 이끌 지도자로 인정했다는 것을 보여 주는 거예요.

강을 가른 기적의 탈출

어느 날, 한밤중에 유화가 주몽을 다급히 불렀어요.

↑ 주몽이 동부여를 탈출할 때 건넌 송화강 위치

"대소와 다른 왕자들이 너를 잡으러 들이닥칠 것이다. 어서 동부여를 떠나거라."

차마 주몽을 죽이지 못해 두고만 보던 금와왕은 갈수록 눈에 띄는 주몽의 능력을 두려워하게 됐어요. 결국 금와왕과 대소는 비범한 주몽이 나라를 세우면 동부여에 큰 적이 될 거라고 생각하며 주몽을 막으려 했어요. 위험을 눈치채고 준비하던 유화는 아슬아슬한 순간에 아들에게 알릴 수 있었지요.

주몽은 경계가 느슨해진 틈을 타 오이, 마리, 협보와 함께 조용히 빠져나갔어요. 하지만 곧 뒤에서 요란한 말발굽 소리가

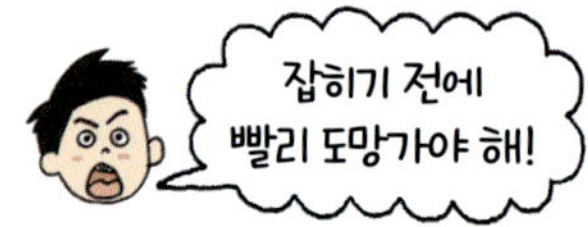

들려왔어요. 금와왕과 대소가 보낸 동부여 병사들이 주몽을 쫓아온 거예요.

주몽과 세 친구는 앞만 보고 힘껏 달렸지만 쫓아오는 병사들의 속도가 무시무시했어요. 거리가 점점 좁혀지려는 순간, 주몽과 친구들은 달리던 말을 멈춰 세웠어요. 눈앞에 거대한 송화강이 흐르고 있었거든요. 끝없이 길고 깊은 강은 맨몸으로 건너기에는 너무 위험했어요.

"빨리 강을 건너야 하는데 도무지 방법이 없네. 어쩌지?"

세 친구가 답답함에 발을 동동 굴렀어요. 그때 정말 신기한 일이 벌어졌어요, 주몽과 친구들이 무사히 강을 건너게 된 거예요. 여기서 퀴즈!

Q

주몽과 친구들은
어떻게 강을 건넜을까요?

강의 신이 물을 반으로 갈라
길을 만들어 주거나 강물을 없애 준 거 아닐까요?

땡!

하백의 백성인 물고기들이 줄지어
다리를 만들어 놓아줬을 것 같아요.

오! 견우와 직녀를 위해
까치와 까마귀가 만들어 준 오작교처럼?

정답이긴 한데……
물고기 말고 동물이 더 있어요.

거북이! 등이 딱딱하니
밟고 건너기가 수월할 것 같아.

정답! 좀 더 정확히 말하면 자라예요. 주몽이 "나는 천제와 물의 신, 하백의 손자다. 길을 열어라"라고 외치며 활을 높이 들었다가 강물에 내리쳤어요. 그러자 강 속을 헤엄치던 물고기와 자라 떼들이 물 위로 떠올라 다리를 만들어 주었어요. 덕분에 주몽과 친구들은 동부여의 군사들을 따돌리고 무사히 강을 건널 수 있었어요.

무사히 강을 건넌 주몽과 세 친구는 나라를 세울 땅을 찾기 위해 계속 남쪽으로 달려갔어요. 며칠 밤낮을 달리던 주몽이 드디어 어느 땅에 이르러 말을 멈췄어요.

"바로 여기다! 내 나라를 세우기에 적합한 땅을 드디어 찾았어!"

주몽이 선택한 땅은 '졸본'이라는 곳이었어요. 주몽은 이곳을 첫 도읍지로 정하고 새로운 나라를 세우기로 다짐했지요. 그렇다면 졸본은 어떤 곳이고, 주몽은 졸본의 어떤 모습에 반해 수도로 삼았을까요? 다음 여행지에서 고구려 건국 이야기를 계속 이어가요.

2장

주몽의 고구려 건국 신화

고구려를 세운 영웅

주몽은 기원전 34년, 혼강이 흐르는 졸본을 첫 도읍지로 삼았어요. 주변의 산세가 험하지만 물이 풍부하고 넓은 평지가 펼쳐져 있어 농사짓기에 딱 좋았거든요. 특히 800미터 높이의 오녀산은 사방이 가파른 절벽으로 둘러싸인 천연 요새였어요. 산 정상에는 무려 축구장 열 배나 되는 넓은 평지가 있어 비상시에 사람들이 올라가 생활하기에도 넉넉했답니다. 이런 천연 요새에 고구려인들은 다시 성곽을 쌓았고, 견고한 성벽은 오늘날까지도 잘 남아 있어요. 지금은 이 성을 오녀산성이라고 부르지만, 고구려 당시에는 흘승골성이라고 불렀어요.

졸본에 자리를 잡은 주몽은 본격적으로 건국 준비에 들어갔어요. 과연 무슨 일들이 기다리고 있었을까요?

현재 중국에 남아 있는 오녀산성 표석

새로운 나라, 고구려의 시작

기원전 37년, 주몽은 자신을 따르는 사람들 앞에서 외쳤어요.

"나라 이름을 고구려라 하고, 내 성은 고씨로 삼겠다."

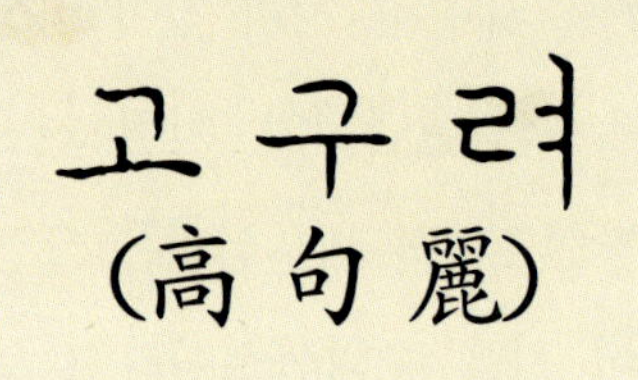

고구려에서 '높을 고(高)'는 크고 높다는 뜻을 담고 있고 있어요. 구려는 '구루'라는 말과 서로 통하는데, '구루'는 고구려 말로 성곽을 뜻해요. 이렇게 보면 '고구려'라는 나라 이름은 '큰 성'이라는 뜻이 되지요.

그런데 왜 하필 나라 이름을 고구려라고 지은 걸까요? 사실 주몽이 나라를 세운 지역인 압록강과 혼강 일대는 주몽 이전부터 '고구려'라고 불리고 있었어요. 주몽은 이걸 따 나라 이름을 지으며 새로운 의미를 부여한 거지요. 원래 여러 세력으로 나뉘어져 있던 고구려 지역을 주몽이 중심이 되어 통합하며 오늘날 우리가 알고 있는 고구려가 새롭게 탄생한 거예요.

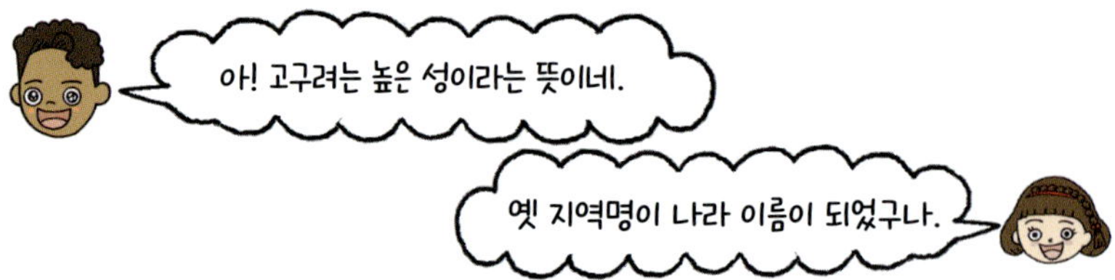

주몽은 나라를 세운 뒤 주변 세력을 받아들이거나 정복하며 나라를 넓혀 갔어요. 압록강 일대 여러 나라부터 두만강 너머 북옥저까지 차례차례 자신의 세력으로 끌어들였어요. 무력뿐 아니라 회유도 함께 사용하면서 말이에요.

회유
잘 달래어 말을 듣도록 시킴.

게다가 고구려가 하늘의 자손이 세운 나라라는 소문이 퍼지자 주변에서 많은 백성이 몰려왔어요. 외부의 공격을 피해 도망 온 사람들, 자발적으로 신하가 되겠다고 찾아온 사람들까지 주몽은 모두 따뜻하게 받아들였어요.

비류국과의 운명적인 대결

주몽이 졸본 땅에서 나라를 세우고 점점 세력을 키워가던 주몽 앞에 강력한 맞수가 나타났어요. 바로 비류국을 다스리던 송양왕이에요.

어느 날 주몽은 졸본 한가운데를 흐르는 비류수에 채소 잎이 떠내려오는 것을 보고 강 상류에 사람이 살고 있다는 것을 알게 됐어요. 비류수는 당시 혼강을 일컫던 이름이지요. 주몽이 사냥을 하면서 상류 지역에 찾아가니 비류국이라는 나라가 있었어요. 비류국은 고구려 지역에서 가장 오래되고 가장 강한 나라였어요. 주몽은 자신이 세운 고구려가 더 크게 성장하려면 반드시 비류국을 넘어서야 한다고 생각했어요.

하지만 송양왕은 주몽이 하늘의 자손임을 인정하지 않고, 오히려 주몽이 비류국의 왕인 자신에게 복종해야 한다며 큰소리쳤어요. 그런데 얼마 후 뜻밖의 일이 벌어졌어요. 송양왕이 스스로 주몽을 찾아와 항복한 거예요. 대체 무슨 일이 있었던 걸까요?

주몽은 비류국과 싸우는 대신 계책을 썼어요. 사람들이 보는 앞에서 흰 사슴 한 마리를 거꾸로 매달고 이렇게 말했지요.

"하늘에서 비를 내려 비류국을 물에 잠기게 하라! 그리 하지

↑ 주몽이 나라를 다스리던 당시 고구려와 비류국

주몽의 힘이
정말 엄청나구나!

않으면, 너를 놓아주지 않겠다."

사슴이 하늘을 향해 애절하게 울자, 갑자기 비류국 하늘에 먹구름이 몰려오더니 일주일 동안 장대비가 내렸어요. 나라 전체가 물에 잠기게 되었지요.

흰 사슴의 의미

예로부터 흰 사슴은 인간과 하늘을 이어 주는 신령스러운 매개자이자 하늘의 사자로 여겨졌어요. 주몽은 하늘과 통할 수 있는 신성한 제물인 흰 사슴을 통해 사람들의 마음을 움직이려고 한 거예요. 〈삼국사기〉에 실린 고구려 기록에도 왕이 흰 사슴을 잡아 하늘에 바쳤다는 이야기가 나오곤 해요.

그제야 송양왕은 두려움을 느꼈어요.

"용서해 주시오! 비류국을 바치겠소. 비만 멈춰 주시오."

주몽이 채찍으로 하늘을 그으니 비가 멈추고, 먹구름도 사라졌어요. 그러자 온 나라를 삼켰던 물이 서서히 줄어들어 땅이 다시 나타났어요. 이 놀라운 장면을 본 송양왕은 완전히 주몽에게 항복했어요.

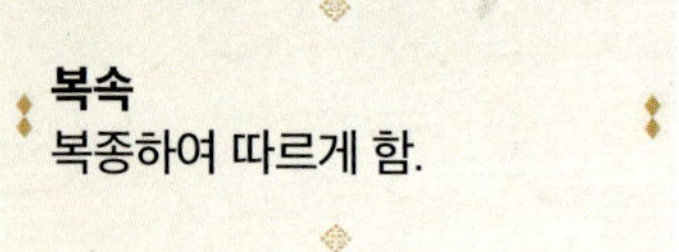

복속
복종하여 따르게 함.

주몽은 비류국을 고구려에 복속시키고, 이름을 '다물도'로 바꿨어요. '다물'은 고구려 말로 '옛 땅을 되찾다'라는 뜻이에요.

주몽은 송양왕을 왕위에서 끌어내리지 않고 그대로 다물도를 다스리도록 했어요. 송양왕의 능력을 인정해 주면서 곁에 두려던 것이지요. 이후 주몽의 아들 유리와 송양왕의 딸이 결혼하며 두 나라는 친척 관계가 되었어요. 고구려 3대왕인 대무신왕은 송양왕의 딸이 유리와의 사이에서 낳았다고 알려져 있어요.

비류국까지 통합한 주몽은 주변 나라들을 정복하며 영토를 넓혀 갔어요. 때로는 힘으로, 때로는 회유하며 주변 세력을 포섭하며 세력을 점점 키워 나갔지요. 신하인 오이와 부분노를 시켜 지금의 백두산인 태백산 동남쪽에 있는 행인국을 정복했고,

또 다른 신하인 부위염을 시켜서는 두만강 북쪽에 있는 북옥저를 차지했어요.

이렇게 주몽은 압록강과 혼강 지역에 있는 주민들을 통합하여 새로운 나라 고구려를 세우고, 또 주변으로 세력을 키워서 두만강과 함경도 일대까지 차지했어요. 이제 새 나라인 고구려도 많이 안정되었어요.

황룡을 타고 하늘로 오른 주몽

기원전 19년, 마흔 살이 된 주몽은 세상에서 갑자기 사라졌어요. 어떻게 된 걸까요? 그 흔적은 우리가 이후 다시 살펴볼 광개토대왕릉비에서 찾아볼 수 있어요. 광개토대왕릉비는 고구려 제20대 왕인 장수왕이 자신의 아버지 광개토대왕을 기려 세운 비지요. 그곳에는 주몽의 마지막 순간이 새겨져 있어요.

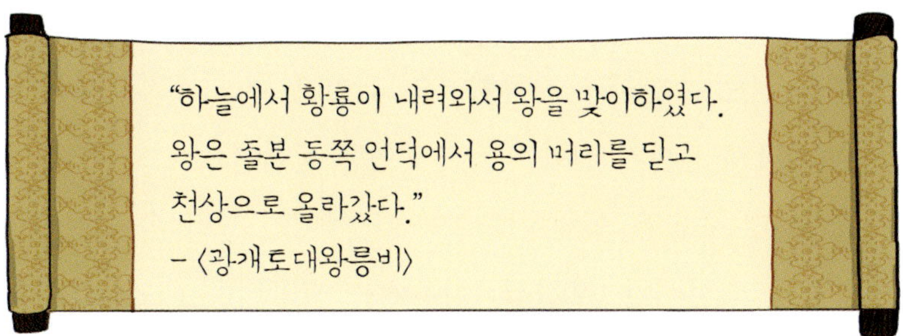

"하늘에서 황룡이 내려와서 왕을 맞이하였다.
왕은 졸본 동쪽 언덕에서 용의 머리를 딛고
천상으로 올라갔다."
– 〈광개토대왕릉비〉

이제 내 일을
다 마쳤으니
하늘로 돌아가겠노라.

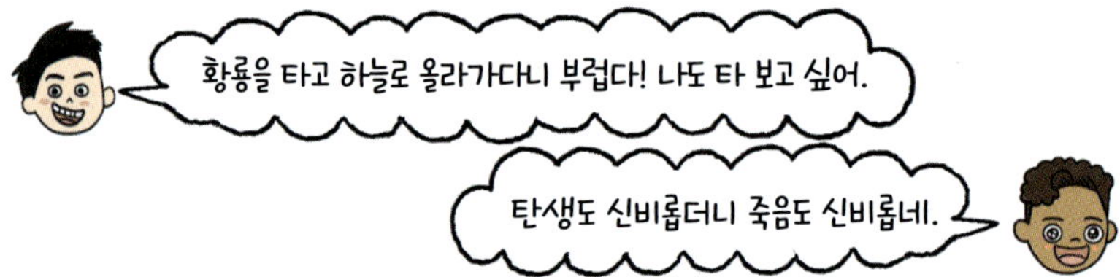

황룡을 타고 하늘로 올라가다니 부럽다! 나도 타 보고 싶어.
탄생도 신비롭더니 죽음도 신비롭네.

천제가 황룡을 보내 손자인 주몽을 하늘로 맞이했다는 뜻이에요. 그런데 왜 황룡을 타고 승천했다는 기록이 남아 있는 걸까요? 고구려 사람들은 건국 시조인 주몽이 신의 자손이니 평범한 인간처럼 죽음을 맞이할 리가 없다고 믿었어요. 그래서 주몽을 신으로 만들기 시작했어요. 신성한 용을 등장시켜 주몽의 마지막 순간까지 신화적으로 표현한 것이지요.

그렇다면 주몽은 실제 인물일까요? 아니면 신화 속 인물일까요? 중국 역사서인 〈후한서〉 기록에는 고구려를 대표하는 '추'

라는 인물이 등장해요. '추'는 '추모', 곧 '주몽'과 이름이 비슷하지요. 역사학자들은 이 인물이 고구려 건국 시조인 주몽이라고 추측해요. 실제로 존재한 인물의 업적에 신화적 상상력이 더해져 주몽 신화가 만들어지고, 후대의 기록과 구전을 통해 오늘날까지 전해지는 것이지요.

주몽은 세상을 떠났지만, 고구려 건국 신화는 여기서 끝나지 않아요. 주몽의 뒤를 이은 두 왕의 시대까지 계속된답니다.

3대에 걸친 건국 신화

주몽 다음으로 고구려 제2대 왕위에 오른 이는 주몽의 아들 유리예요. 주몽이 동부여에 있을 때 결혼한 예씨와의 사이에 낳은 아들이지요.

주몽은 졸본으로 떠나기 전 칼을 두 동강을 내 한쪽은 자신이 갖고 다른 한쪽은 소나무 밑에 숨겨 두었어요. 그리고 칼을 찾을 수 있는 수수께끼를 예씨에게 남겼지요. 늠름하게 자란 유리는 아버지가 남긴 수수께끼를 풀고 숨겨 놓은 징표를 찾아 아버지를 찾아왔어요. 조각난 칼을 맞춰 본 주몽은 기뻐하며 유리를 태자로 삼았어요. 또 다른 설화에는 유리가 아버지 주몽을 찾아오면서, 주몽의 두 번째 아내인 소서노가 아들 비류와 온조를 데리고 떠나 백제를 건국하였다는 이야기가 전해지고 있지요.

고구려와 백제 건국의 일등공신, 소서노

주몽의 건국 이야기는 고구려 건국 신화에서만 전해진 것이 아니에요. 〈삼국사기〉에 의하면 백제 건국 설화에서도 주몽이 등장하고 있어요. 이 설화에서는 주몽의 고구려 건국 과정에서 큰 활약을 한 여인이 있어요. 졸본 출신의 소서노예요.

소서노는 주몽이 찾아오기 전 졸본에서 가장 힘이 강했던 부족장인 연타발의 딸이에요. 세상을 떠난 전 남편과의 사이에서 비류와 온조라는 두 아들을 낳아 길렀어요.

소서노는 자신보다 8살 어린 주몽의 재능을 단번에 알아보았어요. 자신이 가진 막대한 재산과 힘을 모아 주몽이 나라를 세울 수 있도록 열심히 도왔어요.

막강한 돈과
군사력을 빌려주어
고맙소.
고구려 건국의
일등공신은
나야, 나.

그런데 고구려 왕이 된 주몽은 동부여에서 결혼한 첫 번째 부인 예씨를 왕비로 맞고, 아들 유리를 태자로 책봉했어요. 배신감을 느낀 소서노는 두 아들과 남쪽으로 떠났어요.

우리는 남쪽으로 내려가
새로운 나라를 세우자.

첫째 아들 비류는 지금의 인천에 해당하는 미추홀에 나라를 세웠고, 둘째 아들 온조는 한강 유역인 위례성에 나라를 세웠어요. 훗날 비류가 죽은 뒤 두 나라가 합쳐지며 백제가 되었어요.

왕위에 오른 유리왕은 고구려의 기반을 튼튼히 하기 위해 노력했어요. 그래서 서기 3년, 졸본을 떠나 압록강변에 있는 국내성으로 수도를 옮겼어요. 국내성은 평야가 넓고 북쪽으로는 높은 산이 있어 외적의 침입을 막기에 유리했어요. 국내성에 도읍을 마련한 유리왕은 주위의 작은 나라를 통합하며 세력을 키워 갔지요. 또 고구려를 호시탐탐 노리고 있는 부여왕 대소가 군대를 보내 쳐들어오자 이를 물리쳤어요. 그리고 서쪽으로 태자하 일대에 있는 양맥을 복속시키고, 더 나아가 한나라 현도군의 고구려현도 차지했어요. 지금의 중국 랴오닝성 신빈에 해당하는 곳이지요.

유리왕은 우리 국문학 역사에서도 그 이름을 찾아볼 수 있어요. 유리왕이 지은 '황조가'가 고구려 시가 문학의 대표작으로 전해지고 있기 때문이죠.

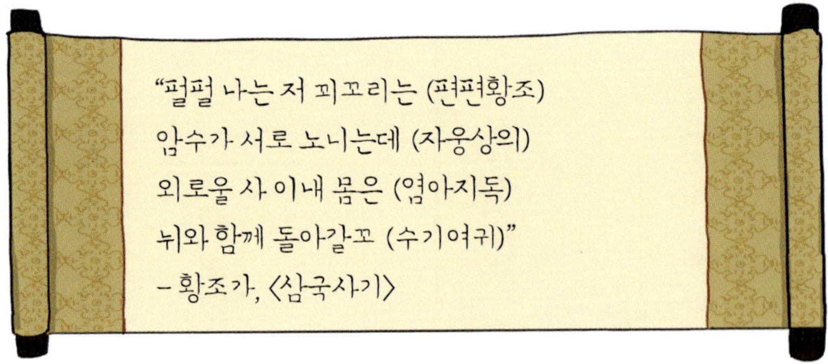

"펄펄 나는 저 꾀꼬리는 (편편황조)
암수가 서로 노니는데 (자웅상의)
외로울사 이내 몸은 (염아지독)
뉘와 함께 돌아갈꼬 (수기여귀)"
– 황조가, 〈삼국사기〉

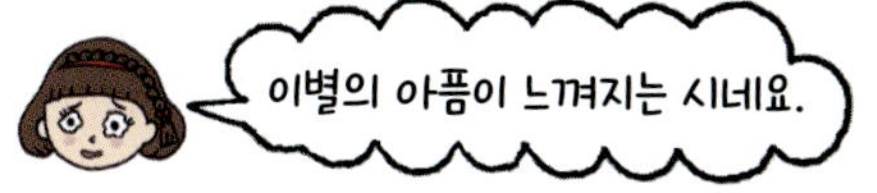

이별의 아픔이 느껴지는 시네요.

실제로 유리왕의 이별에서 비롯된 시거든요.

황조가에 얽힌 이야기가 있어요. 유리왕은 왕비가 사망한 후에 새로운 왕비를 둘 두었어요. 한 사람은 졸본 출신인 화희, 또 한 사람은 중국 한나라 출신인 치희였어요. 둘이 서로 다투다가 치희가 친정으로 돌아갔어요. 치희를 달래러 갔다가 홀로 돌아오던 유리왕이 이 황조가를 불렀다고 해요. 이 이야기에서 당시 고구려는 한나라와도 교류하고 있었음을 짐작할 수 있지요.

유리왕의 뒤를 이어 고구려 제3대 왕이 된 대무신왕은 아직 왕자였던 시절, 고구려를 쳐들어온 부여의 대군을 꾀를 내어 물리쳤고 아버지의 신임을 얻어 태자가 되었어요. 왕위에 오른 뒤에는 무엇보다 먼저 고구려를 노리고 있던 부여를 정벌하고자 했어요. 〈삼국사기〉에 의하면 대무신왕이 부여를 정벌한다는 소식을 듣고 이때 세 명의 뛰어난 인물이 대무신왕을 스스로 따랐다고 해요. 스스로 밥을 지을 수 있는 신비한 솥을 가진 부정, 금으로 만든 무기를 얻은 뒤 나타난 괴유, 긴 창을 잘 다루는 마로예요. 이들과 함께 동부여 정벌에 나선 대무신왕은

↑ 주몽의 무덤으로 전해지고 있는 동명왕릉. 북한 평양에 있다.

부여왕 대소를 죽이고 큰 승리를 거두고 돌아왔어요. 대소왕이 사망하자 동부여 세력은 뿔뿔이 흩어지고, 많은 동부여 주민이 고구려 대무신왕에게 투항했어요. 대무신왕의 부여 정벌을 끝으로 주몽에서부터 아들 유리, 손자 대무신왕으로 이어진 고구려 건국 신화가 막을 내리게 되었어요.

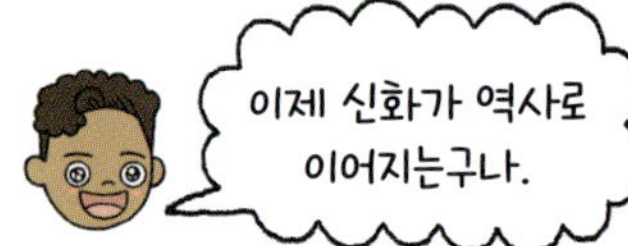

대무신왕 때에도 고구려의 세력 확장은 계속되었어요. 이때 낙랑국도 정복했어요. 유명한 호동 왕자와 낙랑 공주의 안타까운 사랑 이야기는 이때 일어난 일이에요. 대무신왕이 정복한 낙랑국은 동옥저 지역의 세력이라고 보는 게 대부분 역사학자들의 의견이랍니다.

그 후로도 고구려는 끊임없이 주변국과 대립하며 힘을 키웠어요. 그 결과 4~5세기 무렵에는 넓은 영토를 차지하고 여러 민족들을 통합하여 동북아시아의 강대국으로 우뚝 섰어요. 그 배경에는 두 명의 위대한 정복왕이 있었답니다. 그들을 만나러 다음 여행지로 가 볼까요?

3장

대제국 고구려의 전성기와 쇠락

드넓은 영토를 개척한 정복왕

이 길쭉한 돌은 뭐지?
중국 지린성 지안시에 있는 광개토대왕릉비예요.
광개토대왕? 얼마나 대단한 정복왕일까?

여러분이 보고 있는 비석은 광개토대왕의 아들인 장수왕이 세운 광개토대왕릉비예요. 높이 6미터가 넘는 비석에는 주몽에서 시작된 고구려 건국 역사와 광개토대왕의 업적 등이 총 1,775자로 빼곡하게 새겨져 있어요. 그 덕분에 고구려의 찬란했던 역사가 1600년이 지난 지금까지도 전해지고 있지요.

광개토대왕은 '드넓은 땅을 개척한 위대한 왕'이라는 뜻이에요. 북쪽의 만주와 요동에서부터 남쪽으로는 한강 유역까지 정벌해 고구려를 동북아시아의 중심으로 만들었어요. 과연 광개토대왕이 고구려의 전성기를 열 수 있었던 비결은 무엇이었을까요? 위대한 정복왕에 대해 자세히 알아보아요.

광개토대왕릉비는 잊혀졌다가 19세기 말에 재발견되었어요.
우아~ 진짜 거대하다. 집보다 커!

재발견 당시의 광개토대왕릉비 ↓

영락을 꿈꾼 18세의 고구려 왕

광개토대왕은 374년, 제17대 왕인 소수림왕이 나라를 다스릴 때 태어났어요. 소수림왕은 여러 개혁을 통해 나라의 기반을 다졌어요. 율령을 반포하여 국가 체제를 정비하였고 불교를 받아들였어요. 또 태학을 세워 관리를 양성하였어요. 그렇지만 안타깝게도 왕위를 이를 자식이 없었어요.

그러던 어느 날, 동생 이련에게 아들이 태어났어요. 소수림왕과 이련은 매우 기뻐하며 담덕이라는 이름을 지어 주었어요. 담덕은 나면서부터 기개가 높았고 품은 뜻 또한 컸어요.

384년, 소수림왕이 세상을 떠나고 동생 이련이 왕위에 올라 고국양왕이 되었어요. 고국양왕은 주변 국가인 후연, 백제와 여러차례 전쟁을 치렀어요. 요동으로 진출해 후연과 힘을 겨루었고, 백제와도 서로 이기고 지는 걸 반복하며 공방을 벌였지요. 이렇게 나라의 힘을 키우기 애쓰던 중 그만 8년 만에 세상을 떠나고 말았어요.

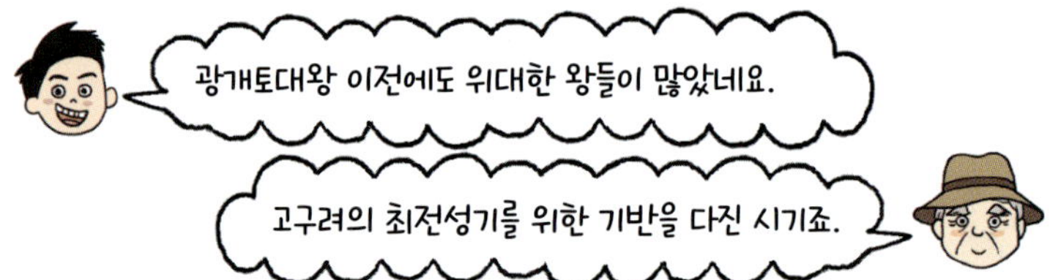

광개토대왕 이전에도 위대한 왕들이 많았네요.
고구려의 최전성기를 위한 기반을 다진 시기죠.

고국양왕의 뒤를 이어 담덕이 고구려의 제19대 왕이 되었어요. 바로 천하를 뒤흔든 광개토대왕이 탄생한 거예요.

"어느 나라도 감히 고구려를 넘볼 수 없게 만들겠다."

18살에 왕이 된 광개토대왕은 오랫동안 가슴에 품어 온 꿈을 이루기로 결심했어요. 그리고 왕이 된 첫해에 스스로 연호를 정했어요. 연호는 한 왕이 다스리는 기간을 나타내는 이름으로, 왕이 즉위한 해를 1년으로 삼고 햇수를 따져요. 연호는 원래 중국 황제만 사용했지만 광개토대왕은 처음으로 고구려만의 독자적인 연호를 만들었어요. 고구려도 중국의 왕조와 마찬가지로 독자적인 세계관을 갖는 나라임을 나타낸 것이지요. 광개토대왕이 정한 연호는 '영락'이에요.

광개토대왕이 왕이 된 4세기 말은 많은 변화가 일어난 시기였어요. 우선 중국 대륙은 혼란스러운 5호 16국 시대였어요. '흉노, 선비, 강, 갈, 저' 다섯 이민족이 16개 나라를 세워 끊임없이 다퉜지

후연
선비족 모용수가 세운 중국 나라.

거란
요하 상류 지역에 살던 유목민 중 하나.

요. 그 가운데 후연이라는 나라가 북중국에서 일어나 요서로 진출하고, 요동땅을 두고 고구려와 대결하고 있었어요. 요하 상류의 거란도 고구려와 국경을 맞대고 충돌했지요. 한반도 남쪽에서는 강국으로 성장한 백제가 황해도 땅을 둘러싸고 고구려와 계속 공방전을 벌이고 있었어요. 백제와 마주한 신라는 고구려와 우호적인 관계를 맺고 있었지만, 남쪽의 가야는 백제 편이었지요.

광개토대왕이 정복 활동을 시작해 가장 먼저 토벌한 곳은 거란이었어요. 거란은 고구려 서북쪽 요하 상류 지역에서 활동하던 유목 민족이에요. 이들은 그동안 틈틈이 고구려 변방을 침범하여 고구려 백성들을 해치고 잡아갔어요.

"내 땅, 내 백성은 내가 지킨다."

광개토대왕은 군사들을 직접 이끌고 거란을 쑥대밭으로 만들었어요. 거란은 고구려에 복종을 맹세하며 항복했어요. 끌려갔던 고구려 백성 1만 명도 무사히 고향으로 돌아왔지요.

광개토대왕은 거란이 기르던 수많은 소와 말을 빼앗았는데, 말은 앞으로 계속되는 전쟁에 필요한 큰 군사 자원이 되었어요. 또 거란이 있던 곳은 소금 산지였기 때문에 귀중한 자원인

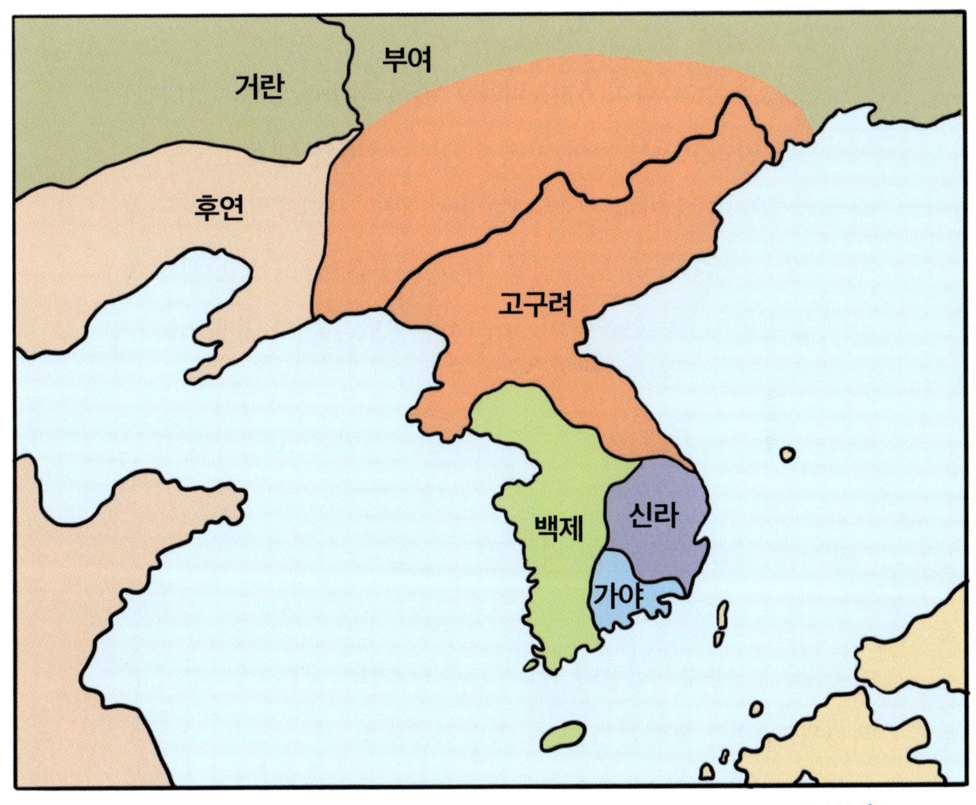

당시 고구려와 주변국의 상황 ↑

소금도 확보할 수 있었지요. 게다가 거란이 있는 요하 상류 지역은 후연의 요서 지역으로 진출할 수 있는 중요한 교통로가 되었어요. 장차 후연과의 대결에서 중요한 거점을 차지한 셈이지요. 이렇게 광개토대왕은 첫 대외 정벌에서 커다란 성과를 거두었어요.

광개토대왕은 거란을 정벌한 후 돌아올 때 요동 지역을 순수하였어요. 순수란 왕이 어떤 지역을 돌아다니며 그곳이 자신의 영토임을 알리고 백성들의 마음을 얻는 행동을 뜻해요. 광개토대왕은 그동안 후연과 서로 뺏고 뺏기기를 거듭한 요동 지역에서 가장 중요한 곳인 요동성을 거쳐 곳곳을 둘러보고 사냥을 하며 돌아왔어요. 요동 땅이 고구려의 영토임을 다시 확인하는 활동이었지요.

백제를 물리치고 갚은 원수

다음으로 광개토대왕이 정복의 칼을 겨눈 곳은 백제였어요. 백제에는 아주 오래된 원한이 있었거든요.

광개토대왕이 태어나기 불과 3년 전인 371년, 할아버지 고국원왕이 평양성에서 백제 근초고왕과 싸우다가 화살을 맞고 전사했어요. 평양성이 함락되지는 않았지만, 왕이 직접 전쟁터에서 목숨을 잃는다는 것은 고구려에게는 처음 맞는 치욕이었지요. 그 뒤 20여 년 동안 소수림왕과 고국양왕이 몇 번이나 복수전을 펼쳤지만, 백제와 서로 승패를 나누었을 뿐이었어요. 이제 광개토대왕의 차례가 되었지요.

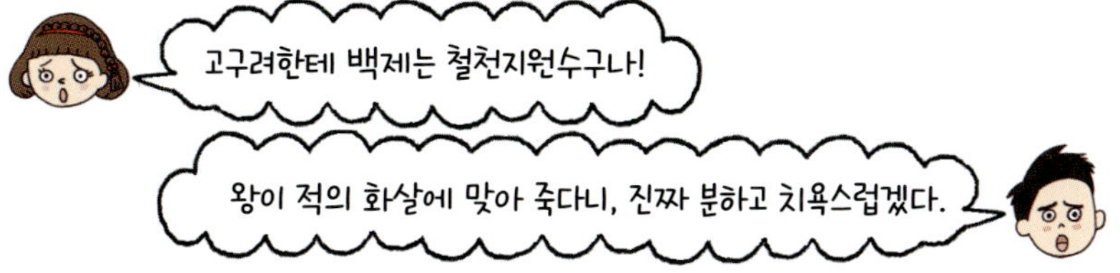

고구려한테 백제는 철천지원수구나!
왕이 적의 화살에 맞아 죽다니, 진짜 분하고 치욕스럽겠다.

"이제 백제를 치고 할아버지의 원수를 갚아야겠다."

392년 여름, 광개토대왕은 직접 4만 명의 군사들을 이끌고 백제 석현성을 공격했어요. 백제 진사왕은 광개토대왕이 군사를 부리는 데 뛰어나다는 말을 듣고 나갔지만, 제대로 막지 못했어요. 결국 석현성을 비롯해 주변 10여 곳 성이 차례로 고구려의 손에 넘어갔어요.

광개토대왕의 다음 목표는 관미성이었어요. 관미성은 바닷길을 지키는 백제의 중요한 요새로, 사방이 절벽과 바다로 둘러싸여 함락하기가 쉽지 않았어요.

백제의 요새, 관미성

관미성은 바닷길을 열고 안전하게 한성에 오갈 수 있는 백제의 요새였어요. 관미성을 잃는 것은 바닷길을 잃는 것이 마찬가지였다고 해요. 관미성의 정확한 위치에 대해서는 학자들마다 서로 의견이 달라요. 파주 오두산성, 강화군 교동도, 황해도 예성강 하구, 개풍군 백마산 주변 등 다양한 의견이 있지요. 현재까지는 통일 전망대 부근인 파주 오두산성에 가장 힘이 실리고 있어요.

이때 광개토대왕은 새로운 전략을 세웠어요.

"수군을 이용해 대규모 공격을 펼칠 것이다."

392년 가을, 고구려 수군은 백제로 향했어요. 서해에서 한강으로 통하는 뱃길을 먼저 장악하고, 병력을 일곱 갈래로 나누어 관미성을 공격했어요. 예상하지 못했던 바다 공격에 백제군은 당황했지요. 결국 20일 만에 관미성은 고구려 차지가 되었어요.

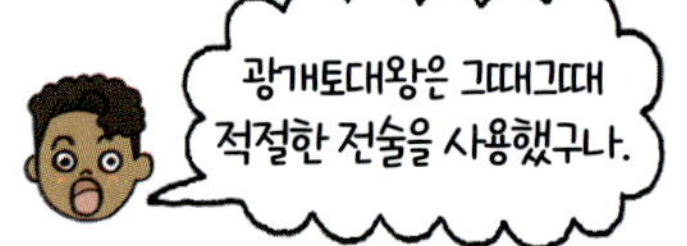

광개토대왕은 그때그때
적절한 전술을 사용했구나.

그해 겨울, 백제 진사왕이 세상을 떠나고 아신왕이 뒤를 이었

파주에 남아 있는 오두산성 성벽 →

오두산에서 나온 토기 파편 →

어요. 아신왕은 요충지인 관미성을 되찾으려고 애썼지만 실패를 거듭했고, 그의 적개심은 점점 커져 갔지요. 이를 눈치챈 광개토대왕은 백제를 완전히 굴복시키려 결심했어요. 396년, 바다와 육지로 대군을 직접 이끌고 백제 수도인 한성으로 쳐들어갔어요. 고구려군의 대규모 공격을 받은 백제군은 한성을 지키기 위해 힘껏 싸웠지만 소용없었어요. 한성이 고구려군에게 포위되자 아신왕은 무릎을 꿇고 항복했어요.

"백제는 고구려의 영원한 신하가 되겠사옵니다!"

광개토대왕은 백제의 58개 성과 700여 개 마을을 손에 넣고, 아신왕의 동생과 대신들을 포로로 잡아 고구려로 돌아갔어요. 왕이 된 지 6년 만에 백제의 콧대를 납작하게 꺾고, 할아버지 고국원왕의 원수를 되갚은 거예요.

그렇다면 광개토대왕은 왜 아신왕을 죽이지 않았을까요? 왕을 죽인다고 백제 땅이 모두 고구려의 땅이 되는 것은 아니었거든요. 오히려 아신왕을 살려 두고 신하로 굴복시키는 것이 백제를 효율적으로 제압할 수 있다고 여긴 거예요.

그런데 몇 년 후 예상치 못한 일이 벌어졌어요. 399년에 아신왕이 왜•와 금관가야를 끌어들여 신라를 공격한 거예요. 고구려가 신라를 돕기 위해 군대를 보내면 그때 고구려를 치려는 속셈이었지요.

왜
7세기 이전 일본의 국가 이름.

다급해진 신라 내물왕은 고구려에 사신을 보내 도움을 요청했어요. 광개토대왕은 한반도 남쪽으로 진출할 좋은 기회라고 여겼어요. 군사 5만 명을 보내 신라 땅에서 백제 연합군을 몰아내고, 금관가야로 도망가는 왜군까지 추격해 물리쳤어요. 가야 연맹체의 맹주로 군림하고 있던 금관가야는 이때 고구려군의 공격으로 큰 타격을 입고 고령 지역의 대가야

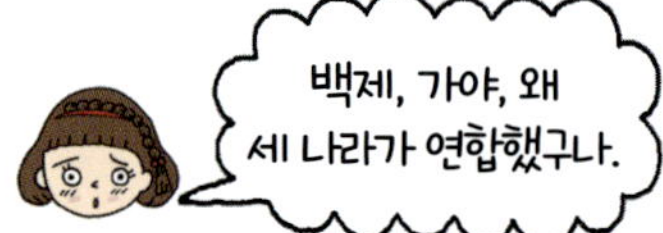

HTX VIP 한국사 보태기

광개토대왕의 이름이 새겨진 신라 호우

신라 땅에서 왜군을 쫓아낸 이후 고구려는 신라에 많은 영향을 끼쳤어요. 그 영향력이 어땠는지 보여 줄 수 있는 결정적 증거가 신라 무덤에서 발견되었어요. 그 증거는 무엇이었을까요?

1946년 5월, 경주에서 신라 고분 '호우총'이 발굴되었어요. 거대한 무덤이 세워질 정도로 신분이 높았던 사람의 무덤이었어요.

호우총 발굴 광경 ↓

이때 남쪽 고분에서 제사용 그릇인 청동 호우가 출토되었어요. 호우는 높이 19.4센티미터에 깊이는 10센티미터로 배가 볼록하고 연꽃 봉우리 모양의 동그란 꼭지가 달려 있었어요.

호우총에서 발굴된 청동 호우 ↑

가장 눈여겨볼 곳은 호우 그릇의 바닥이었어요. 놀랍게도 415년 광개토대왕을 위해 만들었다고 새겨져 있었거든요.

호우 그릇의 바닥 ↑

왜 고구려의 청동 그릇이 신라 왕족의 무덤에서 발견된 걸까요? 호우 그릇은 고구려의 힘이 신라 땅까지 뻗어 있고, 그 영향력이 아주 컸다는 것을 보여 주는 결정적 증거랍니다.

↑ 광개토대왕과 우호적인 관계를 유지했던 신라 내물왕의 왕릉

에게 맹주의 자리를 넘겨 주게 되었어요.

전쟁이 끝나자 광개토대왕은 고구려 군대를 신라에 남겨 두고 감시했어요. 사실상 신라는 고구려의 간섭을 받게 된 것이지요.

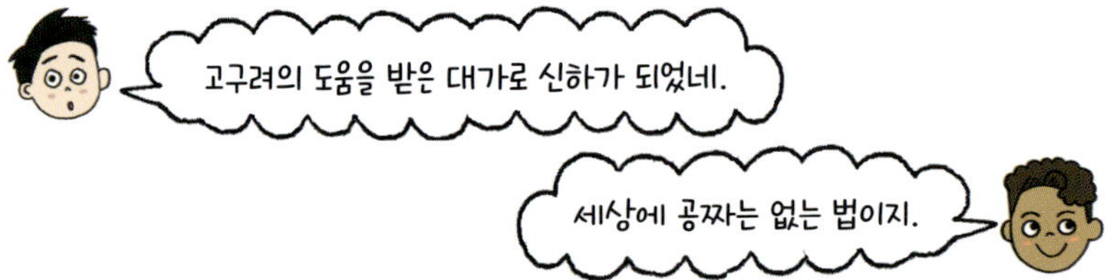

고구려의 도움을 받은 대가로 신하가 되었네.
세상에 공짜는 없는 법이지.

광개토대왕릉비에 따르면, 백제는 그 뒤에도 고구려와 맞섰으나 번번이 패하고 말았어요. 이렇게 광개토대왕의 대군이 한반도 중남부를 휩쓸면서 백제는 굴복하고 신라는 내정 간섭을 받았으며 금관가야는 힘이 매우 약해졌답니다.

강대국의 기반을 마련한 북방 정벌

광개토대왕의 눈은 이제 후연으로 향했어요. 후연은 백제만큼이나 오래된 원수지간이었어요.

그 시작은 342년, 선비족 국가인 전연의 모용황이 4만 명의 군대를 이끌고 고구려를 공격하면서 비롯되었어요. 모용황이

미처 예상하지 못한 길로 대군을 이끌고 쳐들어오는 바람에 고국원왕은 패배하고 수도 국내성이 함락되었지요. 모용황은 궁궐을 불태우고, 광개토대왕의 고조할아버지인 미천왕의 무덤을 파헤쳐 시신을 가져가는 만행까지 저질렀어요. 이 사건은 고구려에 커다란 치욕을 남겼어요.

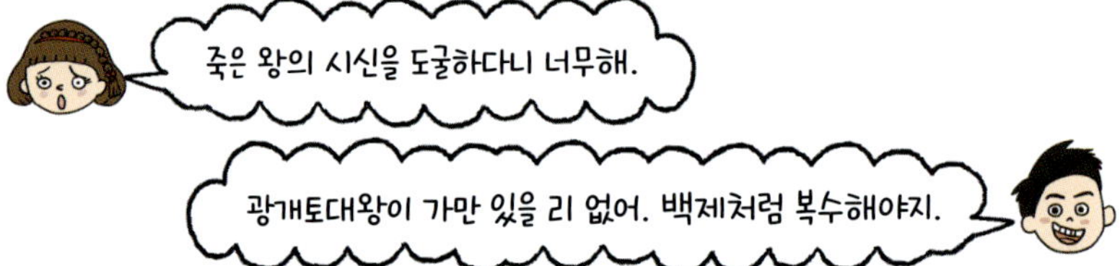

죽은 왕의 시신을 도굴하다니 너무해.
광개토대왕이 가만 있을 리 없어. 백제처럼 복수해야지.

그 뒤 전연의 뒤를 이어 후연이 등장해서 고구려와 충돌했어요. 광개토대왕은 후연과의 한판 승부를 벼르고 있었어요. 그런데 400년에 고구려가 신라 원정을 간 틈에 후연이 침략해 신성과 남소성, 그리고 요동 땅 일부를 빼앗은 거예요. 미천왕부터 고국양왕까지 광개토대왕의 선대 왕들이 힘겹게 싸워 얻은 귀한 땅이었어요. 그런데 왜 선비족과 고구려는 모두 요동 땅을 얻으려 애썼을까요?

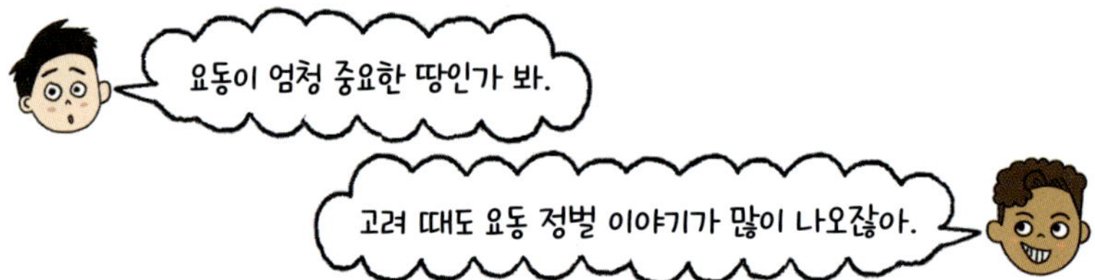

요동이 엄청 중요한 땅인가 봐.
고려 때도 요동 정벌 이야기가 많이 나오잖아.

요하의 전경 ↑

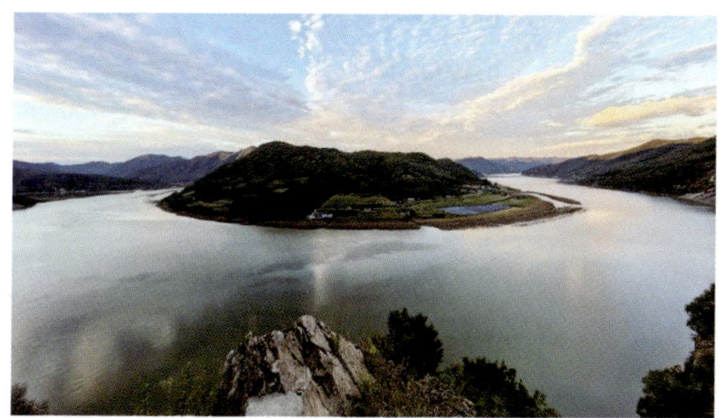

요동 혼강의 전경 ↑

요동은 고구려와 후연 사이에 흐르는 요하 강의 동쪽 지역이에요. 이곳은 험준한 산맥과 그 사이를 흐르는 강, 그리고 넓게 펼쳐진 평원에 풍부한 농경지가 있었고 철제 무기와 농기구를 만들 수 있는 재료인 철광석도 많은 양이 묻혀 있었어요. 또한, 중국과 북방 초원으로 통하는 교통 요지이기도 했지요.

그래서 요동 지역은 신석기 시대는 물론 청동기 시대에도 문화가 번성했어요. 고조선의 중심지가 자리 잡은 곳도 바로 요동 땅이었고요. 그 뒤에는 중국 한나라가 이곳을 차지했고, 나중에는 선비족 모용씨가 요동 땅에서 일어나 세력을 키웠지요. 이처럼 요동은 고구려뿐만 아니라 주변 나라에서도 서로 차지하기 위해서 경쟁하던 곳이었답니다.

광개토대왕은 빼앗긴 성과 영토를 되찾고 후연에게 복수하기로 다짐했어요. 402년에 군사들을 보내 요하 건너에 있는 후연의 숙군성을 공격했어요. 고구려군의 맹렬한 기세에 후연의 군사들은 숙군성을 버리고 달아났어요. 숙군성은 요서 지역에 있

는 요충지인데, 고구려군은 서요하를 우회하여 후연 영역 깊숙이 공격한 거예요. 404년에도 고구려군은 후연을 공격했어요.

후연의 왕인 모용희는 고구려에 거듭 패배하자 화가 머리끝까지 났어요. 405년에 직접 대군을 이끌고 요동성을 공격했어요. 하지만 고구려군이 매섭게 막아 냈기 때문에 후연군은 이기지 못하고 되돌아 갔어요.

모용희는 포기하지 않고 이듬해 북쪽의 거란을 공격하다가 발길을 돌려 다시 고구려에 쳐들어갔어요. 하지만 먼 길에 추위까지 겹쳐서 많은 군사가 얼어 죽었고, 간신히 고구려 목저성을 공격했지만 이기지 못했어요. 모용희는 복수를 다짐하며 후퇴할 수밖에 없었지요.

그런데 407년, 후연에서 반란이 일어났어요. 후연의 장군이었던 풍발이 모용희를 죽이고 북연이라는 새로운 나라를 세운 거예요. 풍발은 고구려인의 후손인 고운을 새 왕으로 받들었어요. 광개토대왕은 그 소식을 듣고 기뻐하며 북연과 우호적인 관계를 유지했어요.

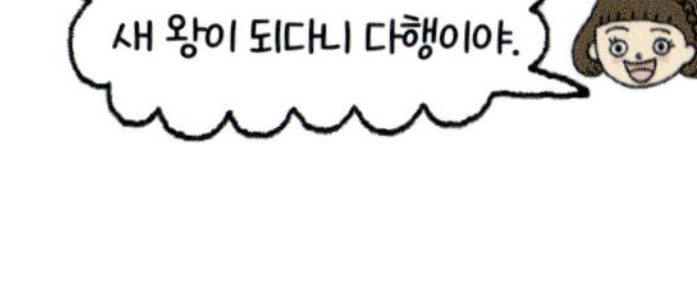

고구려의 후손이
새 왕이 되다니 다행이야.

마침내 광개토대왕은 요동과 만주 일대를 차지했어요. 이제 남은 땅은 동부여뿐이었어요. 동부여는 고구려 건국 신화에서 주몽이 태어난 곳이자 대무신왕이 정벌해 멸망한 나라이지요.

그 뒤에는 별다른 기록이 없지만, 두만강 북쪽에서 부여인들이 모여 다시 나라를 세웠던 걸로 보여요.

광개토대왕은 마지막 정벌의 대상으로 동부여를 선택했어요. 광개토대왕이 동부여로 쳐들어가자 동부여 왕은 싸워 보지도 않고 항복했어요. 동부여의 여러 부족들도 스스로 광개토대왕의 백성이 되기를 원했답니다.

이제 고구려는 누구도 함부로 넘볼 수 없는 동북아시아의 강대국이 되었어요. 바야흐로 고구려 전성시대가 시작된 거예요.

광개토대왕릉비에 담긴 고구려의 위상

광개토대왕의 끊임없는 정복 전쟁으로 고구려 땅은 더욱 넓어졌어요. 북쪽으로는 만주와 요동, 남쪽으로는 한강 이북까지 장악했어요. 우리가 봤던 광개토왕릉비에는 광개토대왕이 64개 성과 1,400개 마을을 차지했다고 기록되어 있어요.

광개토대왕의 활발한 정복으로 고구려는 크게 달라졌어요. 영토가 넓어지고 주민들이 많아지면서 나라의 재정이 풍족해졌어요. 서해의 바닷길을 장악하면서 해상 무역도 활발하게 이뤄졌지요.

고구려
국내성
한성
백제
신라
금성
가야

광개토대왕 시기 고구려 영토와 정복 전쟁 진출 방향 ↑

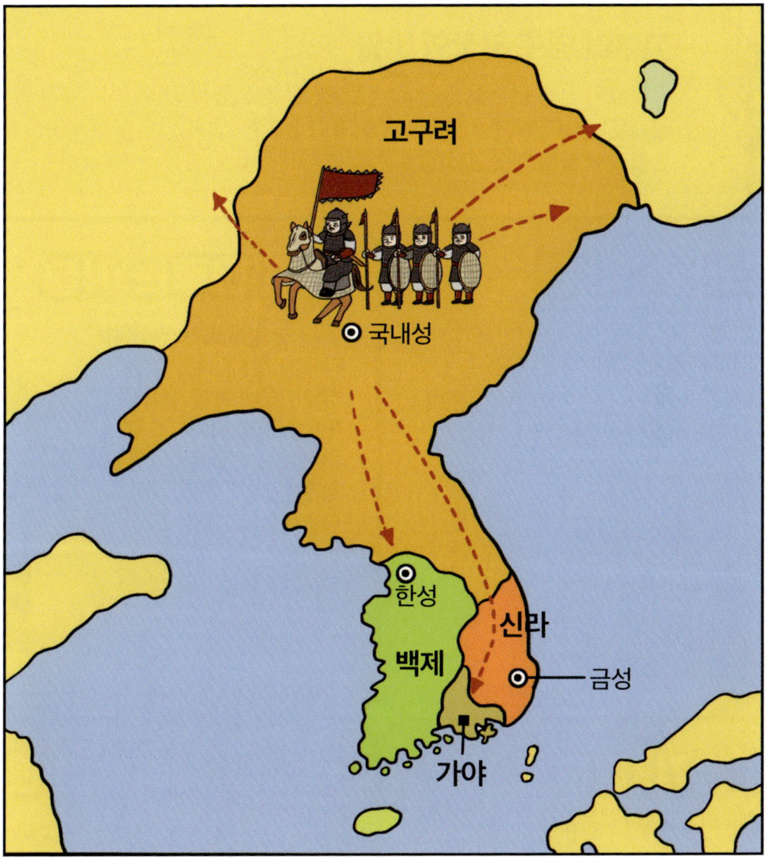

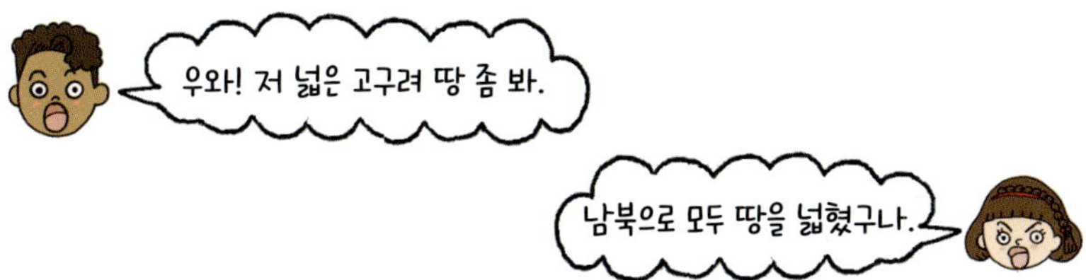

우와! 저 넓은 고구려 땅 좀 봐.
남북으로 모두 땅을 넓혔구나.

HTX VIP 한국사 보태기

고구려 영토 확장의 비밀

끝임없이 정복 활동을 펼친 광개토대왕은 전쟁에서 단 한 번도 지지 않았어요. 광개토대왕의 뛰어난 전략 덕분이기도 했지만, 넓은 영토를 정복하는 데에는 특별한 비결들이 있었답니다.

최강의 고구려군

고구려군의 핵심은 말을 탄 병사, 즉 기병이었어요. 특히 말까지 갑옷을 입힌 개마무사는 큰 위력을 발휘했지요. 적진을 향해 용맹하게 달려들어 적의 대열을 단숨에 무너뜨렸어요.

← 고구려 벽화에그려진 개마무사

철을 다루는 기술

고구려는 철이 많이 생산되는 데다가 철을 다루는 기술이 삼국 가운데 가장 뛰어났어요. 단단한 철로 투구와 갑옷은 물론, 화살촉, 창, 칼 등 날카롭고 질 좋은 무기도 만들었어요. 덕분에 고구려군은 전투에서 지지 않은 강한 군대가 될 수 있었어요.

고구려의 철제 창 →

비밀 병기, 등자

등자는 말을 탈 때 발을 디디는 발판이에요. 고구려인들이 말을 잘 타고 활을 잘 쏠 수 있었던 이유도 등자 덕분이었어요. 등자를 이용하면 말 위에 서서 활을 쏠 수 있었어요. 고구려는 중국보다 먼저 금속으로 만든 등자를 썼어요.

고구려군이 쓰던 등자 →

뛰어난 지혜로 쌓은 성

고구려는 뛰어난 건축 기술도 갖고 있었어요. 험한 산이나 절벽을 이용해 힘을 덜 들여 성을 쌓았고, 돌을 아래에서 위로 올라가면서 들여 쌓는 방식으로 쉽게 무너지지 않게 했어요. 튼튼한 산성들은 누구도 고구려를 넘볼 수 없게 만들었지요.

중국에 남아 있는 고구려 성벽 ↑

그렇다고 광개토대왕이 정복한 나라를 마구 짓밟은 건 아니었어요. 백제와 동부여를 정벌했지만 멸망시키지 않았고, 신라가 위기에 처해 있을 땐 군사를 보내 도와주었지요. 동부여는 스스로 고구려의 백성이 되기를 자처했어요. 이렇게 고구려를 중심으로 모두가 평안하게 살며 함께 번영하기를 바랐던 고구려인의 마음을 광개토대왕릉비에서 엿볼 수 있답니다.

고구려를 다양한 주민들로 구성된 제국으로 성장시킨 광개토대왕은 안타깝게도 412년 가을, 39살의 나이로 숨을 거두었어요. 비록 젊은 나이에 세상을 떠났지만, 왕위에 있던 21년 동안 뛰어난 전략과 용기로 드넓은 영토를 개척하며 고구려를 동북아시아의 중심으로 만들었어요.

↑ 광개토대왕 영정

광개토대왕릉비에는 고구려 사람들이 광개토대왕을 얼마나 위대한 왕으로 기억하는지 보여 주는 증거가 남아 있어요. 비석 한 면에 '국강상광개토경평안호태왕'이라고 새겨져 있거든요. 이 말은 왕이 죽은 뒤 붙이는 이름인 '시호'로서, 영토를 크게 넓히고, 백성의 평안을 이룬 훌륭한 왕이라는 뜻이에요.

우리가 부르는 이름인 광개토대왕은 광개토대왕릉비에 쓰인 시호를 줄인 거예요. 호태왕이라고 줄여 부르기도 한답니다.

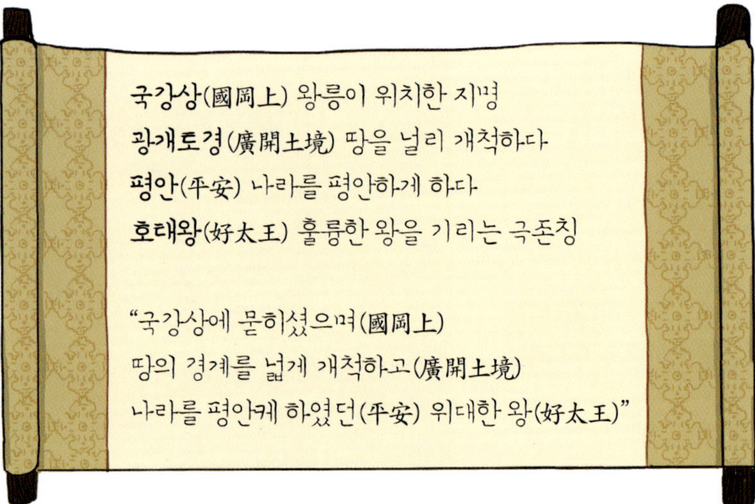

국강상(國岡上) 왕릉이 위치한 지명
광개토경(廣開土境) 땅을 널리 개척하다
평안(平安) 나라를 평안하게 하다
호태왕(好太王) 훌륭한 왕을 기리는 극존칭
"국강상에 묻히셨으며(國岡上)
땅의 경계를 넓게 개척하고(廣開土境)
나라를 평안케 하였던(平安) 위대한 왕(好太王)"

광개토대왕은 땅을 널리 개척한 대왕이라는 뜻이구나.

고구려의 땅을 넓힌 정복왕에게 걸맞은 칭호네.

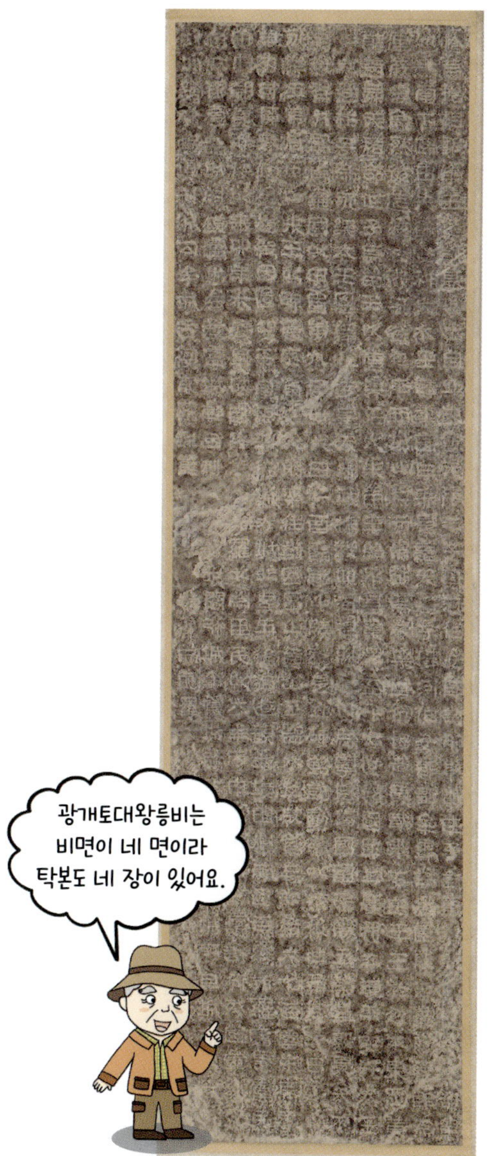

광개토대왕릉비는
비면이 네 면이라
탁본도 네 장이 있어요.

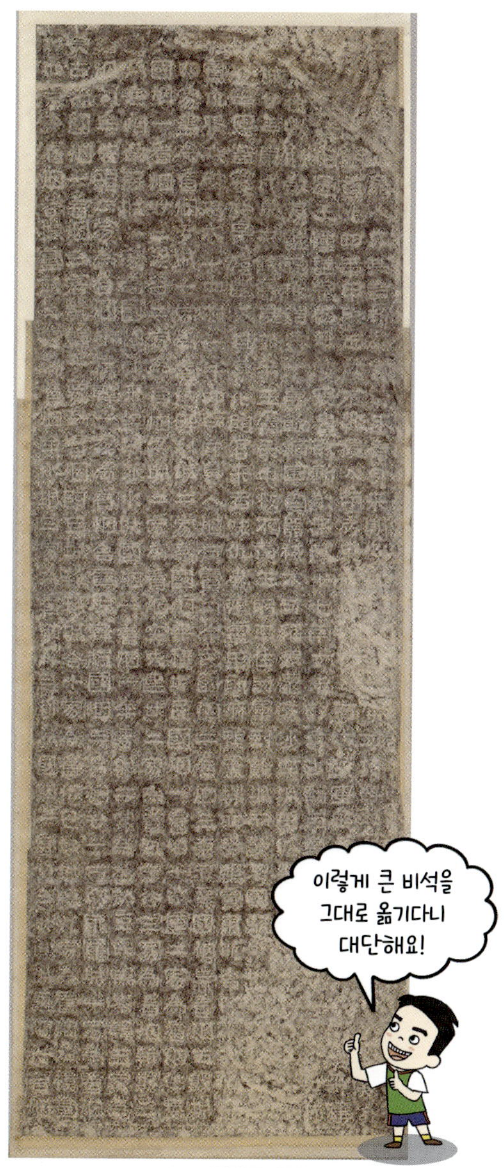

광개토대왕릉비 탁본 ↑

광개토대왕의 죽음에 백성들도 슬퍼하며 이렇게 칭송했어요.

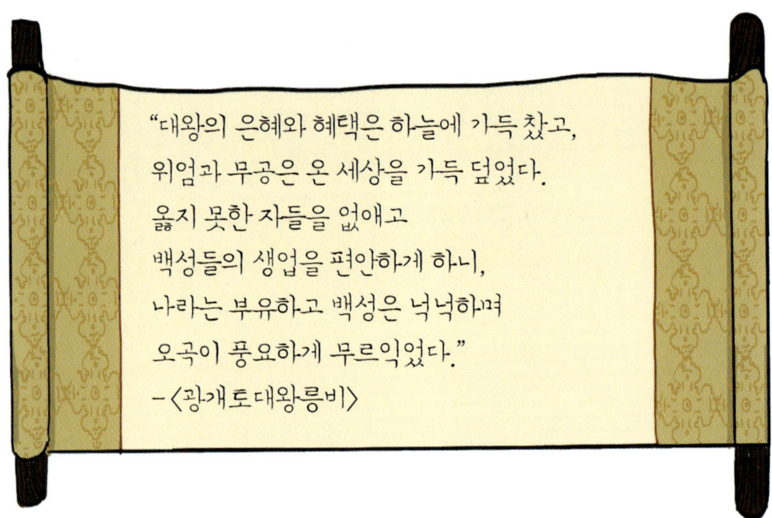

"대왕의 은혜와 혜택은 하늘에 가득 찼고,
위엄과 무공은 온 세상을 가득 덮었다.
옳지 못한 자들을 없애고
백성들의 생업을 편안하게 하니,
나라는 부유하고 백성은 넉넉하며
오곡이 풍요하게 무르익었다."
–〈광개토대왕릉비〉

광개토대왕이 세상을 떠난 후에도 고구려의 영광은 계속되었어요. 아들 장수왕이 아버지의 업적을 이어받아 정복 활동과 외교 전략으로 고구려를 동북아시아의 최강국으로 이끌었거든요. 그럼 지금부터 고구려의 최전성기를 만든 또 하나의 정복왕, 장수왕을 만나러 가 볼까요?

광개토대왕릉의 무덤으로 추정되는 태왕릉. (고국양왕의 무덤으로 추정되기도 함.) ↑

4장

대제국 고구려의 전성기와 쇠락

고구려 최전성기와 장수왕

거대 피라미드를 닮은 이곳은 중국 지린성 지안시에 있는 장군총이에요. 4~5세기경 고구려인들이 화강암을 쌓아 만든 돌무지무덤이지요. 무덤의 크기와 위엄 때문에 장군총이라고 불리지만 정확한 주인은 아직 몰라요. 역사학자들은 장군총의 주인을 광개토대왕, 또는 장수왕으로 추정하고 있어요. 장수왕의 무덤이라고 주장하는 학자들도 장수왕이 실제로 여기에 묻혔다고 보진 않아요. 장수왕이 미리 만들어 둔 무덤이라 생각하지요.

튼튼하고 짜임새 있는 장군총처럼 고구려의 기반을 탄탄하게 만든 왕은 단연 장수왕이지요. 장수왕은 그 이름처럼 오래 살았던 왕이에요. 나라도 무려 79년 넘게 통치하며 고구려를 동아시아의 최강국으로 올려놓았어요. 그것도 중국과 전쟁 한 번 없이요. 과연 장수왕은 어떻게 고구려의 눈부신 번영을 이끌었을까요? 고구려가 가장 빛나던 시기로 함께 떠나요.

환도산성
장군총
광개토대왕릉비
국내성
태왕릉
압록강
와! 고구려 역사 투어를 한 장소에서 할 수 있네!
태왕릉과 장군총은 광개토대왕릉비 부근에 있어요.

새로운 도약, 평양 천도

394년, 광개토대왕의 맏아들 거련이 태어났어요. 〈삼국사기〉에 따르면 거련은 신체가 크고 기개가 호탕하며 뛰어났다고 해요. 아버지 광개토대왕이 412년에 세상을 떠나자 거련이 왕위를 물려받았어요. 그가 제20대 고구려 왕인 장수왕이에요.

왕이 된 장수왕에게는 큰 숙제가 있었어요. 아버지가 남긴 광활한 영토와 늘어난 백성들을 어떻게 잘 다스릴 수 있을까 하는 문제였어요. 장수왕은 아버지처럼 정복 활동을 벌이기보다는 나라를 안정시키는 데 집중하기로 했어요. 넓어진 영토를 효과적으로 다스리기 위해 행정 구역을 정비하고 왕권을 강화하는 데 힘을 기울였지요.

427년에는 고구려의 새로운 시작을 위해 아주 중요한 결단을 내렸어요. 서기 3년 유리왕이 터를 잡은 뒤 무려 400년 동안 수도였던 국내성을 떠나 남쪽에 위치한 평양으로 수도를 옮기로 한 거예요. 수도를 옮긴다는 것은 나라 전체에 큰 변화를 일으키는 일이에요. 그런데 장수왕은 왜 굳이 평양 천도를 결정했을까요?

천도
수도를 옮기는 일.

국내성은 압록강 중류에 위치하고 있어서 영역이 크게 늘어난 고구려를 통치하기에는 지리적으로 들어맞지 않았어요. 더구나 이제는 국제 무대에서 활동해야 했지요.

고구려의 두 번째 수도 '국내성'

고구려의 첫 수도는 주몽이 정한 졸본이었어요. 그런데 40년 후 주몽의 아들인 2대 유리왕이 수도를 옮겼어요. 그곳이 바로 압록강 북쪽에 위치한 국내성이에요. 적의 공격에 대비하기 위해 국내성 주변에는 산성을 쌓았어요. 이 산성을 환도산성이라고 불러요. 평지성인 국내성과 산성인 환도산성이 도성을 함께 구성하고 있는게 특징이에요.

반면 평양은 넓고 비옥한 평야를 끼고 있어서 경제적 기반이 튼튼했고, 서해로 진출해 외교와 무역을 하기에 적합한 장소였

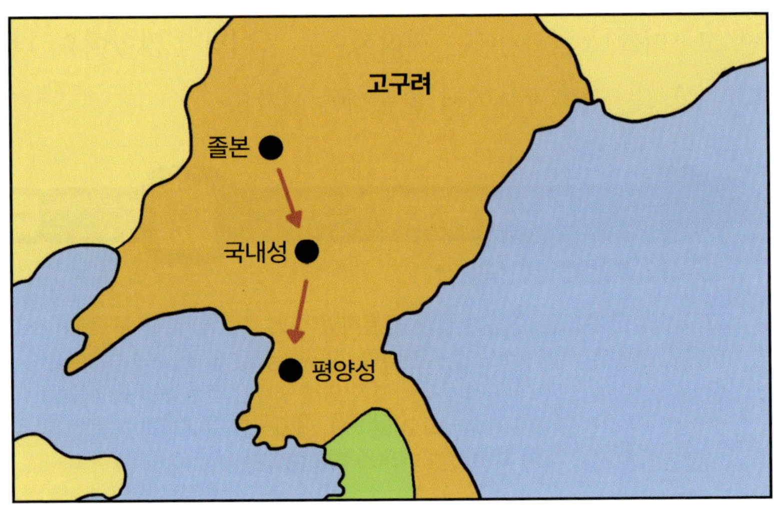

↑ 고구려 천도 과정

어요. 고구려 전체 영역을 다스리기에도 평양만 한 곳이 없었지요. 게다가 고조선의 옛 수도였기에 역사적으로도 의미가 있는 땅이었어요. 그러니까 평양 천도는 고구려의 장기적인 발전을 위한 결단이었던 거예요.

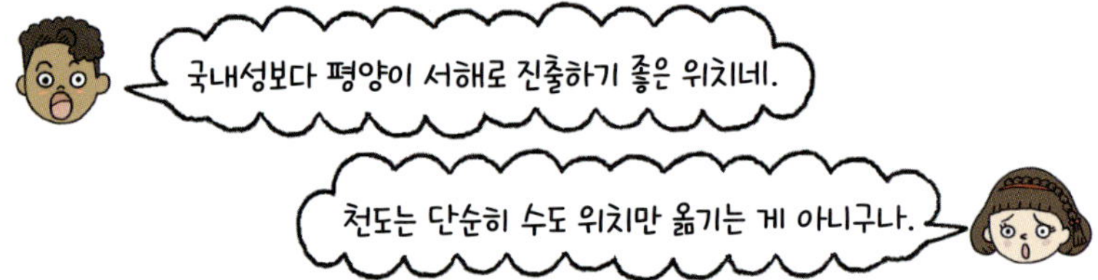

국내성보다 평양이 서해로 진출하기 좋은 위치네.
천도는 단순히 수도 위치만 옮기는 게 아니구나.

그러나 수도를 옮기는 게 쉬운 일이 아니었어요. 국내성에서 오랫동안 권력을 누리던 귀족들이 평양 천도를 크게 반대했거

든요. 장수왕은 이 기회를 역으로 이용해 왕의 권력을 더 키웠어요. 국내성 출신 귀족들을 제압하고 평양 지역에서 새로이 성장한 귀족들을 오른팔로 삼아 왕권을 강화한 거예요. 그 이후 귀족들은 장수왕에게 순순히 따르게 되었어요.

새로 도읍지가 된 평양에는 평지 궁성과 산성을 갖추었어요. 지금 남아 있는 안학궁성과 대성산성이에요. 그리고 주민들이 거주하는 시가지를 정비하고 곳곳에 불교 사찰도 만들었어요. 평양은 동북아시아에서 손꼽히는 큰 도시로 성장했지요.

뛰어난 외교술의 달인, 장수왕

나라 안을 안정시킨 장수왕은 주변 국가의 상황을 파악하는 일도 소홀히 하지 않았어요. 장수왕이 다스리던 5세기 무렵, 중국은 남북조 시대가 열리고 있었어요. 북쪽은 북위•라는 새로운 강대국이 주변을 통일해 가고 있었고, 남쪽은 송이라는 한족 왕조가 자리 잡고 있었지요. 두 나라는 중국의 정통성을 놓고 서로 끝없이 싸움을 벌이고 있었어요.

북위
386년, 북방 유목 민족이 새로 건설한 강대국.

장수왕은 어느 한쪽 편만 들기보다는 외교 정책을 통해 실리를 챙기기로 했어요. 중국의 여러 나라와 사신을 교환하고 때로는 조공도 바치며 평화적으로 지냈지요.

그러던 어느 날, 장수왕에게 두 개의 외교 문서가 도착했어요. 하나는 북연 황제인 풍홍이 보낸 것이었고, 다른 하나는 북위 황제가 보낸 것이었어요. 강대국이었던 북위가 북연을 쳐들어가 전쟁이 벌어졌는데, 북연이 밀리고 있었어요. 위기에 몰린 북연 황제 풍홍은 고구려에 망명•을 요청했어요. 곧이어 북위 황제도 편지를 보내 북연

망명
정치, 사상, 종교 등의 이유로 자기 나라에서 다른 나라로 몸을 옮김.

5세기 당시 고구려를 둘러싼 중국 국가들 ↑

을 돕지 말라고 경고했어요.

두 나라의 부탁을 동시에 받은 장수왕은 어떻게 할지 고심했어요. 북위는 떠오르는 강자였고, 북연은 광개토대왕 대부터 고구려와 오래 우호 관계를 맺고 있었어요. 게다가 북연은 중간에서 북위의 위협을 막아 줄 방패이기도 했어요.

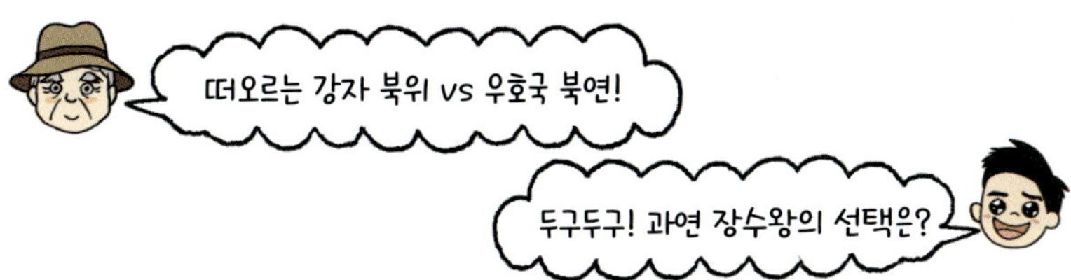

떠오르는 강자 북위 vs 우호국 북연!
두구두구! 과연 장수왕의 선택은?

↑ 송 태조 문제의 초상화

고민 끝에 장수왕은 풍홍의 망명 요청을 받아들였어요. 북연의 많은 백성과 귀한 자원이 고구려에 큰 도움이 될 것이라고 판단한 거예요. 436년에 장수왕은 북연의 수도 용성으로 군대를 보냈어요. 고구려군은 북위 군에게 포위되어 있던 풍홍과 백성을 구출하고, 성안의 귀한 물건들을 챙겨 돌아왔어요.

이 사실을 알게 된 북위 황제는 크게 분노하여 풍홍을 북위에 넘기라고 요구했어요. 그러나 장수왕이 거절하면서 두 나라는 팽팽한 긴장 관계에 놓였어요.

그런데 피신 온 풍홍이 몰래 송에 다시 망명을 요청했어요. 고구려가 자신을 황제로 대접하지 않는다며 불만을 품은 거예요. 송 태조 문제는 풍홍을 데려가겠다면서 송의 장수를 고구려에 보냈어요.

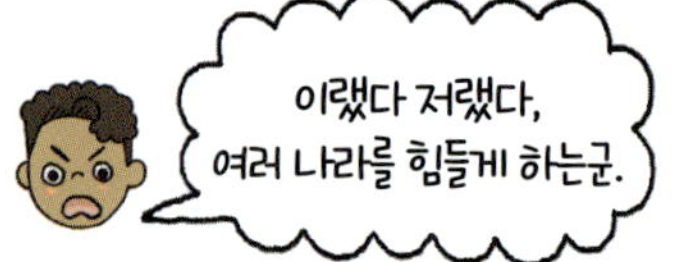

이랬다 저랬다,
여러 나라를 힘들게 하는군.

장수왕의 입장은 아주 난처했어요. 풍홍을 송에 보내면 북위

를 자극하고, 보내지 않으면 송과도 관계가 악화될 게 뻔했으니까요. 장수왕은 고민 끝에 엄청난 승부수를 던졌어요. 장수를 보내 풍홍의 목을 베어 버린 거예요.

국제적 말썽쟁이를 없앴구나!
장수왕 입장에서는 참을 만큼 참았지.

그런데 또 다른 문제가 생겼어요. 송 장수가 풍홍의 목을 벤 고구려 장수를 죽인 거예요. 장수왕은 다시 곤란한 입장에 처했어요. 자신의 부하를 죽인 송 장수를 살려 두면 고구려의 위신이 떨어지고, 송 장수를 죽이면 송과의 전쟁이 벌어질 수도 있었어요. 피를 보고 싶지 않았던 장수왕은 고민 끝에 기지를 발휘했어요.

"송 장수는 우리 장수를 죽인 죄인이오. 송에서 꼭 벌을 주시오."

문제를 송에 떠넘긴 거예요. 이제 판단은 송의 몫이 되었어요. 송 태조는 고구려와의 외교 관계를 망칠 수 없다고 생각했어요. 할 수 없이 부하 장수를 감옥에 가두는 시늉만 내다가 곧 석방했지요.

장수왕은 송에 말 800필을 보내 두 나라의 관계를 원래대로

되돌렸어요. 얼마 후 북위에도 사신을 보내 불편했던 관계를 회복했지요. 또한 장수왕은 북위를 견제하기 위해 북방 유목 국가인 유연과도 교류하였어요.

이렇게 하여 고구려는 어느 한쪽에 치우치지 않고 북위, 송, 유연과 모두 우호 관계를 맺었어요. 이처럼 어느 한쪽에 치우치지 않고 균형 잡힌 외교를 '등거리 외교'라고 해요. 그 덕에 고구려는 전쟁을 치르지 않고 혼란스러운 국제 정세 속에서도 나라의 힘을 크게 키울 수 있었어요. 중국 여러 나라와의 평화도 지켜나갈 수 있었지요.

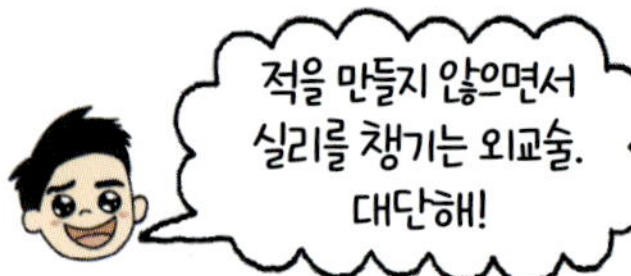

남진 정책으로 한강을 차지한 고구려

중국과의 외교 관계가 안정되자 장수왕은 본격적으로 남진 정책을 추진했어요. 남진 정책은 남쪽으로 세력을 넓히는 것으로 평양 천도도 그중 하나였지요. 장수왕은 남진 정책을 통해 한강 유역을 차지하고 싶었어요. 한반도 중부 일대에 펼쳐져 있는 한강 유역은 한반도의 패권을 차지하기 위해 꼭 필요한 땅이었어요.

고구려가 남쪽으로 세력을 뻗어오자 백제 비유왕은 위기를 느꼈어요. 그래서 433년 신라 눌지왕과 나제 동맹을 맺고 고구려가 공격하면 서로 도와주기로 약속했어요.

나제 동맹
신라의 '라'와 백제의 '제'를 따서 이름 붙인 동맹.

백제 비유왕의 뒤를 이은 개로왕도 나제 동맹을 더욱 굳건히 했어요. 그래도 불안해지자 472년 북위에 고구려를 정벌해 달라고 요청했어요. 하지만 풍홍을 둘러싼 갈등이 해결된 이후 고구려와 사이좋게 지내던 북위는 백제의 부탁을 거절하고, 이 사실을 장수왕에게 알렸어요.

장수왕은 크게 분노하며 백제 공격을 결심했어요. 그런데 곧바로 공격하지 않고 치밀하게 계략을 세웠어요. 여기서 퀴즈!

장수왕이 백제를 무너뜨리기 위해 세운 치밀한 계략은 무엇일까요?

장수왕 성격이면 엄청 치밀하게 준비했을 것 같아.

한 가지 힌트를 줄게요.
장수왕은 이 계략에 오랜 시간을 들였어요.

오랜 시간이 필요한 일이 뭘까?
개로왕에게 오랫동안 독을 먹였나?

백제에 바로 쳐들어갈 수 있도록
성 부근에 몰래 무기를 잔뜩 옮겨 놨을지도 몰라.

땡!
전쟁에서 이기려면 무기도 중요하지만
상대방의 정보가 중요하죠.

풍홍처럼 고구려에 망명을 요청한
백제인을 통해 정보를 얻었을까?

망명하는 사람이 언제 올지 모르는데
한없이 기다리진 않았을 거 같아.
본인이 먼저 아름다운 미인을 보내
개로왕을 꼬신 거 아닐까?

오! 비슷해요.

미인이 아니면…… 아! 스파이를 보냈구나.

정답! 개로왕에게 첩자를 보냈어요.
장수왕은 개로왕이 바둑을 무척 좋아한다는 것을 알았어요.
그래서 바둑 실력이 뛰어난 도림이라는 스님을 첩자로 삼아 백제로 보냈어요.

도림은 고구려에서 큰 죄를 짓고 쫓겨난 것처럼 위장한 채 개로왕에게 접근했어요. 개로왕은 바둑 친구가 생기자 무척 기뻐했어요. 나랏일은 뒷전으로 미루고 매일 도림을 불러 바둑을 두었지요. 개로왕의 신임을 얻은 도림은 어느 날 개로왕을 이렇게 꼬드겼어요.

"궁궐을 웅장하게 새로 지으면 왕의 위엄도 올라갈 겁니다."

도림의 꾀에 넘어간 개로왕은 성과 궁궐을 수리하는 대규모 공사를 벌였어요. 그건 큰 실수였어요. 백성들은 공사 현장에

동원되는 바람에 가난에 빠졌어요. 나라 창고는 점점 바닥나고 굶주린 백성들의 불만은 날로 커졌어요.

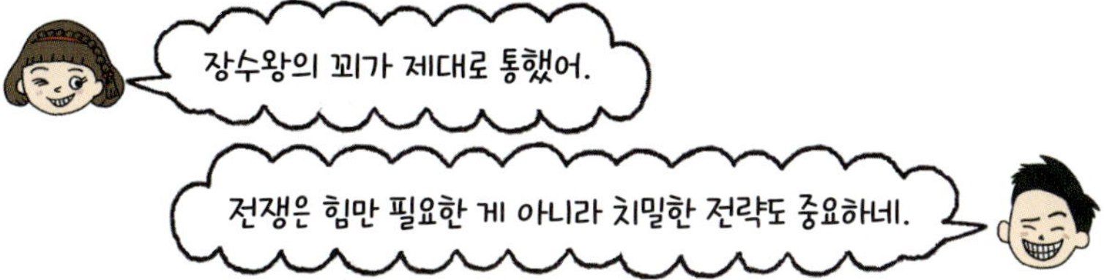

장수왕의 꾀가 제대로 통했어.
전쟁은 힘만 필요한 게 아니라 치밀한 전략도 중요하네.

결국 백제의 힘이 약해지자 도림은 고구려로 돌아와 장수왕에게 이 사실을 알렸어요.

"드디어 백제를 공격할 때가 왔습니다."

475년, 여든의 장수왕은 직접 3만 명의 대군을 이끌고 공격해 백제의 수도 한성을 차지했어요. 뒤늦게 도림에게 속은 걸 안 개로왕은 도망쳤지만, 고구려군에게 붙잡혀 처형을 당했지요. 개로왕의 뒤를 이은 문주왕은 백성들을 이끌고 지금의 공주 지역인 웅진으로 수도를 옮겼어요.

한강 유역에서 번성했던 백제의 국력은 기울어져 갔어요. 반면 고구려는 한강 유역을 장악하면서 남쪽으로 백제와 신라를 제압할 수 있게 되었어요. 한반도에서 주도권을 갖는 한편, 만주 일대에서도 말갈과 거란을 거느리게 되었지요. 이제 고구려는 동북아시아의 패권 국가로 우뚝 섰답니다.

삼국 시대의 격전지, 한강 유역

고구려, 백제, 신라 삼국 간에 서로 경쟁할 때에 한강 유역을 차지하는 게 중요했어요. 한반도 중심에 위치해 여러 지역의 문화와 물자가 모이고, 중국과의 교역도 가능했거든요. 한강 유역을 차지한 나라가 당시 최고의 전성기를 누렸어요.

4세기, 백제

한강 유역에 나라를 세운 백제는 삼국 중 가장 빨리 발전했어요.
4세기 근초고왕이 한강을 중심으로 남북으로 영토를 넓히며 한반도의 중심이 되었어요.

5세기, 고구려

5세기 고구려 장수왕은 남진 정책을 펼치며 백제로부터 한강 유역을 빼앗았어요.
그래서 한반도에서 주도권을 차지했답니다.

6세기, 신라

한반도 동쪽 끝에 있던 신라는 삼국 중 발전이 가장 늦었어요.
6세기 중반 신라 진흥왕이 한강 유역을 차지하며 고구려, 백제와 당당히 겨룰 수 있게 되었지요.

남북으로 뻗은 동북아시아의 최강국

장수왕은 신라를 공격해 남한강 유역의 여러 성을 차지했어요. 그리고 충청도 지역까지 땅을 넓혔지요. 고구려의 땅이 남한강까지 넓어졌다는 걸 알리기 위해 장수왕은 특별한 기념비를 세웠어요. 바로 충청북도 충주에 있는 '충주 고구려비'예요. 우리나라에 남아 있는 유일한 고구려 비석으로, 그 모양과 형태가 광개토대왕릉비와 아주 비슷해요.

광개토왕릉비보다 크기는 작아도 모양은 정말 비슷하네.

충주 고구려비는 국보로 지정되어 있어요.

↑ 충주에 있는 충주 고구려비

충주 고구려비는 '고려'라는 나라 이름과 '태왕'이라는 칭호, 여러 고구려 관직 명이 기록되어 있는 귀중한 자료예요. 또한, 충주 고구려비에는 이런 글도 새겨져 있어요.

"고려 대왕이 이곳을 방문하여 동이 신라왕에게 의복을 내려 주었다."

이게 무슨 뜻일까요? 449년, 장수왕이 직접 충주까지 내려와 신라 눌지왕을 만났어요. 이때 장수왕이 눌지왕에게 옷을 선물했는데, 고구려 태왕이 신라왕을 신하로 여기고 있다는 뜻을 담고 있는 의례였어요.

↑ 5세기 후반 고구려 귀족의 모습을 보여 주는 쌍영총 벽화의 모사도

또 고구려가 신라를 '동이'라고 부른 기록은 고구려 중심의 세계관을 과시한 거라고 할 수 있어요. 여기에 더해, 신라 영토 내에 고구려군이 머물고 있었다는 사실도 충주 고구려비에 자세히 쓰여 있어요. 이전까지는 〈일본서기〉로만 확인할 수 있었는데, 충주 고구려비를 통해 사실로 확인된 셈이지요.

장수왕은 북쪽으로도 영토를 넓혀 나갔어요. 유연과 손을 잡고 요하 상류 북쪽에 있는 '지두우'라는 유목 민족을 나누어 점령하려고 시도했지요. 한반도 북부와 중부, 요동과 만주 일대를 아우르는 넓은 영토를 운영하면서 고구려는 동북아시아의 최강국이 되었어요.

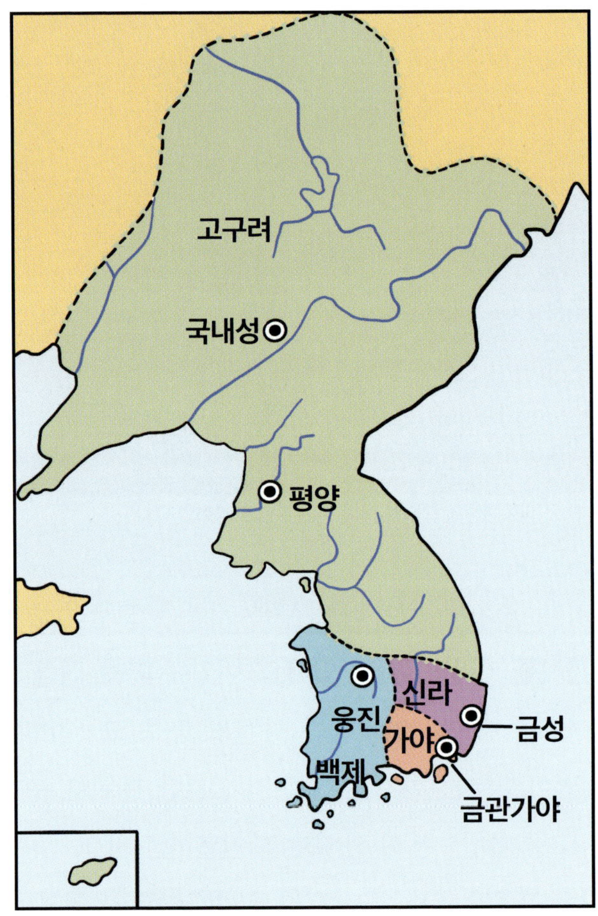
고구려
국내성
평양
신라
웅진
가야
백제
금성
금관가야

↑ 장수왕 시기 고구려 영토

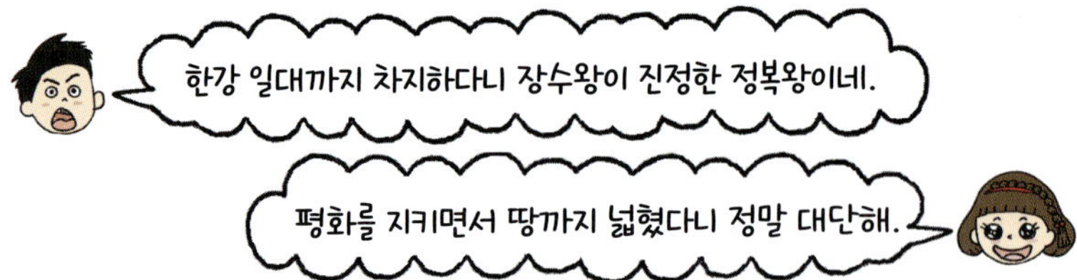
한강 일대까지 차지하다니 장수왕이 진정한 정복왕이네.
평화를 지키면서 땅까지 넓혔다니 정말 대단해.

고구려는 장수왕의 뛰어난 외교술과 강력한 군사력을 바탕으로 빛나는 황금기를 맞이했어요. 평화로운 나날이 이어지던 491년, 장수왕은 98세 나이로 세상을 떠났어요. 북위에서도 장수왕의 죽음에 애도를 표하고, '강왕(康王)'이라는 시호까지 보내 주었어요. 고구려의 국제적 위상이 얼마나 대단했는지 느낄 수 있겠지요.

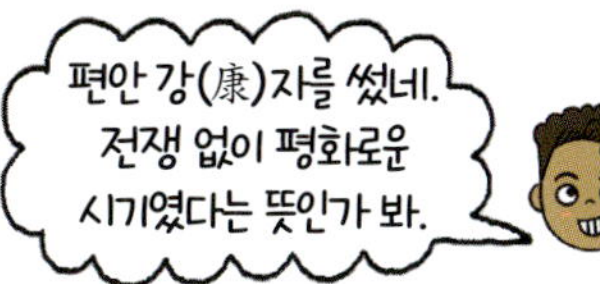

편안 강(康)자를 썼네.
전쟁 없이 평화로운
시기였다는 뜻인가 봐.

장수왕이 떠난 뒤에도 고구려는 계속 번영했어요. 장수왕의

위대한 왕이
돌아가셨다.

뒤를 이은 제21대 문자왕은 부여를 완전하게 합병하고 백제와 신라를 압박하면서 더욱 국력을 키웠어요. 동북아시아 국제 무대에서도 장수왕 대의 위세를 이어받아 여전히 당당한 위상을 자랑했어요. 광개토대왕부터 약 130년간 고구려의 최대 전성기가 이어진 거예요.

고구려의 쇠락과 멸망

6세기에 들어서며 고구려뿐만 아니라 백제와 신라의 국력도 다시 커지기 시작했어요. 제24대 왕인 양원왕이 고구려를 다스리던 551년, 또 한 번 손을 잡은 백제와 신라는 고구려 상대로 전쟁을 일으켜 한강 유역을 차지했어요. 이어서 신라는 백제를 배신하고 한강 유역을 독차지하면서 한반도의 새로운 강국으로 떠올랐어요. 그래

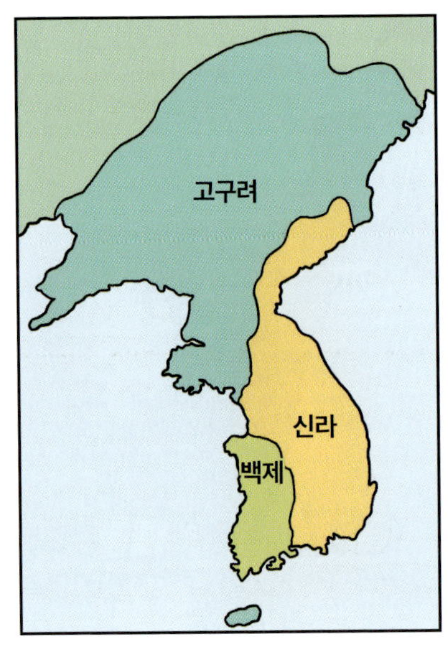

↑ 553년 이후의 삼국 지도

↑ 고구려가 임진강을 지키는 데 중요한 역할을 하는 연천 호로고루성

서 고구려는 한강 유역을 되찾지 못했지요.

게다가 중국 대륙에서도 새로운 변화가 나타났어요. 남북조 시대가 끝나고 수나라가 중국을 통일한 거예요. 또 북방에는 유연 대신에 돌궐이 새로운 강자로 등장했어요. 수나라가 고구려를 넘보기 시작하며 새로운 위기가 찾아왔지요.

제26대 영양왕 시기, 고구려를 네 번이나 공격한 수나라는 고구려의 군사력과 지략 앞에 거듭 패배했어요. 612년에 있었던 을지문덕의 '살수대첩'은 수나라의 침략을 물리친 가장 빛나는 승리였지요.

수나라는 고구려 침략 과정에서 나라의 힘도 다해 결국 멸망했어요. 수나라의 뒤를 이은 통일 제국 당나라 역시 645년부터 고구려를 계속 침입했지만 고구려 사람들은 끝까지 항전하며 나라를 지켜냈지요.

그렇게 동아시아의 강대국으로 군림했던 고구려에게도 결국 마지막 순간이 찾아왔어요. 655년 고구려 말, 권력을 장악한 연개소문이 숨지면서 자식끼리 권력 다툼이 일어났어요. 지배층이 갈라진 틈에 당과 신라의 연합군은 고구려를 공격했어요. 결국 700여 년 동안 이어졌던 고구려 역사는

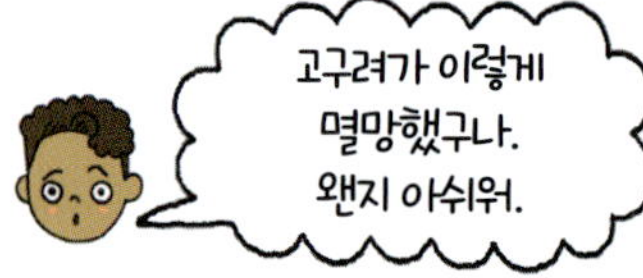

↑ 고구려 장안성 내성의 북문인 칠성문

668년 막을 내리고 말았어요.

하지만 고구려의 정신은 사라지지 않았어요. 698년, 고구려 후예인 대조영이 백두산 동모산에 새로운 나라, 발해를 세우며 고구려의 정통을 이어갔어요. 한반도 역사에서는 918년에 왕건이 세운 고려로 계승되었답니다.

에필로그

여러분,
고구려 여행
어땠나요?
화면 속 장소는
충주 고구려비
전시관이에요.
고구려도 연호를
사용했다는 게
놀라웠어요!
주몽에 광개토대왕까지,
드라마 속 주인공들을 만나서
너무 좋아요!
고구려의 기상이
얼마나 높았는지 느껴져요.

"여러분, 고구려 역사 여행은 어땠어요?"

한 쌤이 매직 윈도를 끄며 묻자 여주가 대답했어요.

"주몽의 건국 신화가 너무 흥미로웠어요. 고구려 사람들의 생각과 염원이 담겨있다는 사실이 놀랍고요."

"신화는 한 집단의 자긍심을 높이고 하나로 묶어 주는 데 중요한 역할을 해요. 주몽의 건국 신화가 있었기에 고구려 사람들은 높은 자부심과 용기를 갖고 주변 강대국과 어깨를 나란히 하며 당당하게 자신의 터전을 지키며 넓힐 수 있었지요. 그리고 시대를 지나 신화는 하나의 역사가 되어 장장 2000년이 넘는 지금까지 전해져 오고 있는 거예요."

한 쌤의 설명이 끝나자마자 마이클이 손을 들며 말했어요.

"저는 고구려가 광활한 대제국을 건설한 것도 멋졌지만 주변의 강대국들과 당당히 맞섰다는 점이 마음에 들었어요. 거대한 중국조차 고구려 앞에선 함부로 못 했잖아요."

"저도요! 특히 광개토대왕이 영락 연호를 사용한 부분에서는 가슴이 벅차올랐어요. 마치 '우리 고구려가 최고!' '고구려 만세!'라고 외치는 것 같았거든요."

만세가 흥분해 만세를 외쳤어요. 그러자 고왕국 교수님이 흐뭇하게 웃으며 대답했어요.

"허허. 광개토대왕이 무척 기뻐하겠군요. 광개토대왕은 자신만의 연호를 만들어 고구려만의 길을 걸었던 왕이에요. 중국에 의지하지 않겠다는 자주성과 기상을 처음으로 보여 준 것이지요. 사실 광개토대왕은 전쟁만 잘한 왕이 아니에요. 강력한 왕권을 바탕으로 수많은 부족과 이민족들을 하나로 묶고, 문화 교류를 통해 똘똘 뭉치게 했어요. 이러한 노력이 고구려 사회를 안정시켰고, 나아가 활발한 정복 활동을 펼치는 데 큰 힘이 되었지요."

"장수왕의 활약도 대단했어요. 중국과 전쟁도 하지 않았는데도 고구려에 평화와 전성기를 가져왔잖아요."

마이클의 말에 여주가 사극 대사처럼 읊조렸어요.

"소저도 그리 생각합니다. 그러니 장수왕 사극이 빨리 나와야 한다 아뢰옵니다."

"그래요. 장수왕은 치밀한 전략과 균형 외교만으로 고구려를 동아시아에서 누구도 넘볼 수 없는 나라로 만들었어요. 장수왕의 업적은 후대로 이어져 고구려 전통을 이어가는 데 중요한 기초가 되었답니다. 수많은 위기가 닥쳐도 고구려는 자주적인 기상과 강인한 정신으로 맞서 싸우며 동아시아를 호령하는 국가로 우뚝 섰어요. 비록 권력 다툼 속에 멸망했지만, 고구려의 높은 기상과 자긍심은 오늘날 우리 민족의 정체성에 큰 영향을 주고 있답니다. 우리가 고구려의 건국 신화와 역사를 꼭 기억해야 하는 이유지요."

그 순간, 만세가 배를 움켜잡으며 외쳤어요.

"쌤! 저는 이만 밥 먹으러 가면 안 될까요?"

모두가 깔깔 웃었어요. 한 쌤도 환하게 웃으며 대답했어요.

"역사 공부도 좋지만 밥이 먼저죠. 맛집으로 출발!"

HTX 열차는 다음 여행을 기약하며 달려갔어요.

이번 여행은 어땠나요?
알을 깨고 나온 주몽에서
광개토대왕과 장수왕까지
동아시아를 재패한 고구려의 위대함을
느끼는 시간이 되었길 바랍니다.
다음 한국사 특급 열차는
1457년 조선으로 떠납니다.
12살에 왕이 된 단종과
비구니가 된 경혜공주의 이야기를
알아볼 거예요!
벌거벗은 한국사 12권에서
꼭 다시 만나요!

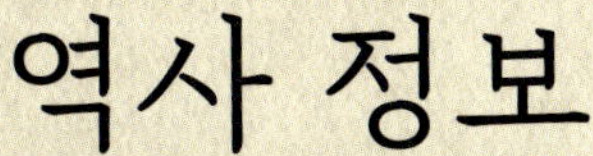

역사 정보

벌거벗은 한국사 퀴즈

한반도의 고대 국가들

한반도와 만주를 지배했던 고구려는 처음부터 강력한 왕권을 가진 나라는 아니었어요. 고구려는 어떤 시대에서 탄생했고, 전성기를 맞이했을까요? 고구려의 역사가 펼쳐진 그 시대 속으로 함께 떠나봐요.

여러 나라의 성장기

한반도와 만주 일대에 처음 세워진 나라는 청동기 문화를 바탕으로 성장한 고조선이었어요. 그러나 기원전 1세기, 중국 한나라의 침략으로 멸망했어요. 고조선이 멸망한 후 철기 문화를 바탕으로 여러 나라가 등장했어요.

↑ 한반도 여러 나라 성장기 시기 지도

가장 먼저 나라의 기틀을 세운 곳은 송화강 유역의 평야 지대에 자리 잡은 부여였어요. 부여는 청동기 시대부터 성장한, 고조선 다음으로 오래된 국가로서 점차 연맹 왕국으로 발전했어요. 한반도 동해안에는 옥저, 동예가 등장해 독특한 문화를 키워 나갔지만, 이후 고구려에게 정복당하고 말았어요. 압록강 유역에서 나라를 일으킨 고구려는 북쪽은 부여, 동남쪽은 옥저와 동예, 서쪽은 현도군과 낙랑군으로 둘러싸여 있었어요. 고구려는 이런 주변 세력들을 제압하면서 강력한 고대 국가로 성장했답니다.

한반도 남쪽에도 수십 개의 작은 나라들이 생겼어요. 이들은 마한, 진한, 변한으로 뭉쳐 삼한이라는 연맹 국가를 형성했어요. 이들 나라도 오래 버티지 못했어요. 훗날 마한은 백제, 진한은 신라로 통합되었고, 변한은 가야로 발전하며 삼국 시대의 기틀이 되었어요.

격동과 성장의 4~5세기

고구려가 가장 강력했던 4~5세기는 동북아시아 전체가 큰 변화를 겪던 시기였어요. 중국에서는 통일 왕조인 진나라가 무너진 후 5호 16국이나 남북조 시대로 불릴 만큼 많은 나라가 생기고 사라졌죠. 한반도에는 고구려를 비롯해 백제, 신라, 가야가 주인공인 삼국 시대가 본격적으로 시작됐고요. 이처럼 다양한 국가와 민족이 서로 얽히고설켜서 외교 관계를 맺기도 하고 격렬하게 전쟁을 치르기도 했지요. 이러한 치열한 국제 정세 속에서 고구려는 때로는 외교로, 또 때로는 전쟁으로 적절하게 대응하면서 동북아시아의 패권을 차지했답니다.

강하고 아름다운 나라를 만든 두 정복왕

위대한 정복왕인 광개토대왕과 장수왕은 영토를 넓히는 데만 집중한 것은 아니에요. 백성들의 삶을 살피고, 나라의 기틀을 튼튼히 하며 문화를 발전시킨 뛰어난 지도자였어요.

백성을 돌보고 국가를 정비한 광개토대왕

광개토대왕은 나라 밖으로 정복 활동만 활발하게 펼친 게 아니었어요. 나라 안의 정치에도 큰 관심을 갖고 여러 업적을 이루었어요. 광개토대왕릉비에는 광개토대왕이 수묘인이라는 무덤지기 제도를 바로 잡아서 조상 왕릉을 잘 보호하고 관리하게 했다는 기록이 있어요. 주몽부터 자신에 이르기까지 고구려 왕실의 정통성을 지킨다는 뜻이 담겨 있지요. 또한 불교를 장려하면서 신도시 평양에 9개의 사찰을 세웠어요. 국내성에 이미 건립된 사찰도 더 크게 돌봤을 테고요. 정복 활동 중 생길 수 밖에 없는 희생 앞에, 모든 백성의 마음에 평화와 위안이 깃들도록 불교를 믿고 복을 빌게 했던 거예요.

광개토대왕은 평양을 매우 중요하게 생각했어요. 그래서 여러 차례 평양으로 가서 머물렀어요. 사찰을 세운 것도 수도를 평양으로 옮기기 위한 준비를 하는 정책이라 볼 수 있어요.

'영락'이라는 독자적인 연호를 사용한 점도 중요한 정책이에요. 이는 고구려가 중국과 대등하다는 자부심의 표현이지요. 고구려는 자신의 왕을 '태왕(대왕)'이라고 불렀어요. 태왕이 곧 중국의 황제와 동격이라고 생각한 거예요. 광개토대왕은 대왕의 나라답게 여러 국가 체제를 갖추었던 거지요.

고구려의 제도와 문화를 꽃피운 장수왕

장수왕은 광개토대왕의 유산을 물려받아 고구려의 제도와 문화를 발전시켰어요. 장수왕은 무엇보다 먼저 넓어진 영토를 효율적으로 다스리기 위해 평양으로 천도하고 국가 체제를 정비했어요. 천도는 단지 수도를 바꾸는 게 아니에요. 예를 들어 전국에서 거둔 조세를 수도로 옮기는데, 이전에는 국내성으로 운송하였지만 이제는 평양성으로 운송해야 해요. 그러면 그에 따른 제도나 운영 방식이 바뀌겠지요. 그만큼 천도는 어렵고도 복잡한 일이에요. 그러니 장수왕의 평양 천도로 고구려는 많은 변화를 겪었고, 그만큼 새로운 나라가 되었을 거예요.

또한 평양은 고조선 이래 오랜 역사와 다양한 문화가 켜켜이 쌓여 있는 곳이에요. 이에 따라 고구려의 문화도 점점 새롭게 바뀌어 갔지요. 그리고 평양은 바닷길로 나서기 좋은 위치에 있어 중국의 남북조 등 여러 나라와 교역도 하고 문화 교류도 활발하게 할 수 있었지요. 그래서 평양 도성은 동아시아의 여러 나라의 수도 중에서도 손에 꼽을 만큼 크고 융성한 도시가 되어 갔어요. 이렇게 번성한 평양성의 모습은 대성산성과 안학궁성, 여러 사찰 유적을 통해 지금도 전해지고 있답니다.

고구려의 또 다른 위대한 왕들

주몽이 건국한 고구려는 수많은 왕을 거치며 영토를 넓히고, 체제를 정비하면서 전성기를 맞이했어요. 고구려가 강력한 고대 국가로 성장하는 데 큰 영향을 미친 또 다른 왕들을 만나 볼까요?

진대법으로 백성을 살린 제9대 고국천왕

고국천왕은 나라를 개혁하기 위해 지방 귀족 출신인 을파소를 최고 벼슬인 국상으로 앉혔어요. 을파소와 함께 백성을 도울 방법을 고민하던 고국천왕은 진대법을 만들었어요. 진대법은 가난한 백성들에게 봄에 곡식을 빌려주고 가을에 돌려받는 빈민 구휼 제도예요. 진대법 덕분에 백성들은 굶주림에서 벗어났고, 왕권은 더 튼튼해졌어요. 진대법은 고려의 의창과 조선의 환곡으로 이어져 굶어 죽을 문턱에서 노비로 추락할 위기에 빠진 수많은 백성을 구했어요.

요동 진출을 꿈꿨던 제15대 미천왕

미천왕의 이름은 을불이에요. 서천왕의 손자로 태어났지만 불우한 어린 시절을 보냈어요. 서천왕의 뒤를 이은 봉상왕은 형제인 미천왕의 아버지가 자신을 배반할까 봐 죽였어요. 자신도 죽을까 두려워서 도망간 미천왕은 남들 밑에서 머슴살이하거나 소금을 팔며 힘들게 생활했지요. 하지만 봉상왕이 정치를 잘못하여 나라가 어지러

위지자 신하들이 봉상왕을 내쫓고 미천왕을 왕으로 세웠지요. 미천왕은 중국의 통일 왕조였던 진나라가 무너질 때 이를 이용해 국가의 영토를 넓히고자 노력했어요. 311년에 압록강 하구의 서안평을 점령하고 그 후에는 한반도에 있던 중국 군현인 낙랑군과 대방군을 합병했어요. 요동에서 선비족이 전연을 세우자 이들과 충돌하면서 요동으로 진출했어요. 미천왕의 요동 진출은 이후 고국양왕과 광개토대왕의 요동 정벌로 이어졌어요.

율령 반포와 불교를 공인한 제17대 소수림왕

광개토대왕이 거침없이 정복에 나선 힘은 소수림왕이 여러 정책으로 나라를 안정시켜 놓았기 때문이에요. 소수림왕은 백성들의 마음을 모으고 왕실의 권위를 높이기 위하여 불교를 받아들였어요. 또한 국립 교육 기관인 태학을 세워 인재를 기르고 율령을 반포했어요. '율'은 형벌 법규, '령'은 행정 법규를 말해요. 법률을 만들어 나라의 질서를 잡고 왕권을 강화한 것이지요. 이렇게 소수림왕이 나라의 체제와 기반을 단단하게 다져놓은 덕분에 광개토대왕과 장수왕으로 이어지는 고구려 전성시대를 맞이할 수 있었어요.

고구려의 건국과 전성기

주몽의 탄생 설화로부터 시작된 고구려 건국 과정과
광개토대왕과 장수왕 시대에 맞이한 고구려 최전성기의 영토 확장을
함께 정리해 보아요.

고구려 건국
신화에서 역사로

주몽의 탄생과 성장
- 하늘(해모수)과 땅(유화)의 만남
- 알에서 태어난 비범한 존재
- 활 신동, 주몽이라는 이름의 기원

고구려 건국
- 부여 탈출 후 졸본 도착
- 기원전 37년 국가 건립
- 비류국 등 주변 세력 통합

강력한 왕들의 등장
- 유리왕과 대무신왕으로 이어진 건국 신화
- 요동으로 진출한 미천왕과 고국양왕
- 국가 기반을 다진 고국천왕과 소수림왕

국가 성장
강대한 고구려 확립

광개토대왕의 영토 확장

'태왕'이라는 존칭을 얻은 정복왕

- 사방으로 펼친 정복활동
  - 백제와의 대결에서 계속 승리
  - 왜와 가야 격퇴, 신라 구원
  - 후연과의 대결에서 승리하여 요동 확보
  - 요동과 북만주, 한강 이북의 영토 확장

- 내정과 민생을 챙겨 부국강병을 이룬 왕
  - 연호 '영락(永樂)'을 사용해 자주 의식 표방
  - 평양 천도를 위한 기반 마련
  - 대규모 사찰 건립과 불교의 융성

- 412년 가을 사망
  - 광개토대왕릉비를 세워 업적을 기림

장수왕의 외교와 전쟁

뛰어난 외교로 북아시아 패권 차지

- 외교와 전쟁, 때에 맞추어 선택하는 지략가
  - 등거리 외교로 중국 남북조 및 유목 국가와 우호 관계
  - 고구려 중심의 세계관을 과시
  - 남진 정책과 백제 정벌
  - 한성과 한강 유역, 한반도 중부를 차지

- 평양 천도와 국가 체제 정비
  - 대성산성 등 수도 평양의 건설
  - 왕권 강화와 중앙 집권 체제 확립
  - 풍요로운 문화 국가를 지향

- 491년 94세에 사망
  - 79년 동안 재위, 가장 오래 왕위에 있었던 왕

사진 속 산은 지금의 중국 요령성 환인시 부근에 있는 오녀산이다. 이곳에 대한 설명으로 맞지 않은 것은? (　　)

① 고구려의 첫 도읍이 있던 곳이야.

② 예전에는 졸본이라 불렸지.

③ 산성에 신라를 격퇴했다는 글이 남아 있어.

④ 산세가 험하지만 나라를 지키긴 좋아.

⑤ 주몽의 아들이 이후 도읍을 옮기게 됐어.

주몽의 건국 신화와 관련 없는 동물은? (　　)

① 자라　② 흰 사슴　③ 물고기　④ 수탉

다음 가상 대화에서 주몽과 대화하는 상대는? (　　)

① 대소왕
② 송양왕
③ 풍홍왕
④ 개로왕

다음 인물들의 공통점을 모두 고르면? (　　)

고주몽　　박혁거세　　김수로

① 난생 설화　　② 국가 건국
③ 노랫말 제작　　④ 의붓 형제의 방해

광개토대왕릉비와 관계없는 내용은? (　　　)

① 장수왕이 세웠어요.

② 왕을 높이는 '호태왕'이라는 말이 새겨져 있어요.

③ 이 비에서 칭송하는 왕은 '영락'이라는 연호를 썼어요.

④ 비의 주인공은 어릴 때 담덕이라는 이름으로 불렸어요.

⑤ 지금은 우리나라 충청북도 충주에 있어요.

한국사능력검정시험 제67회 기본 3번

밑줄 그은 '나'의 업적으로 옳은 것은? (　　　)

① 태학을 설립하였다.　　② 천리장성을 축조하였다.

③ 도읍을 평양성으로 옮겼다.　　④ 신라에 침입한 왜를 격퇴하였다.

한국사능력검정시험 제66회 기본 3번

다음 검색창에 들어갈 왕으로 옳은 것은? (   )

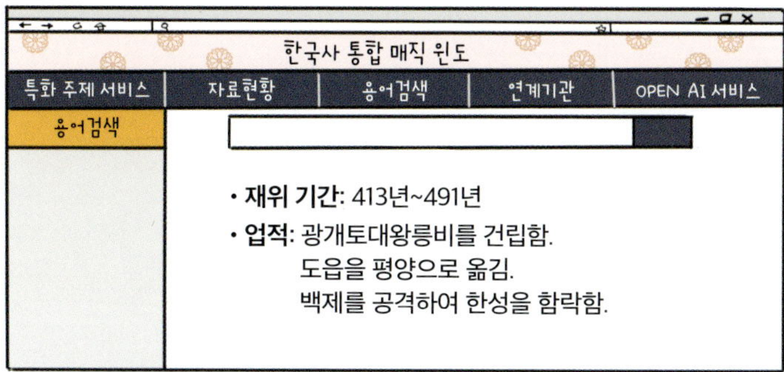

① 미천왕 ② 장수왕 ③ 고국천왕 ④ 소수림왕

한국사능력검정시험 제60회 기본 3번

밑줄 그은 '제도'로 옳은 것은? (   )

① 흑창 ② 상평창 ③ 진대법 ④ 제위보

건국 신화 편

③ 산성에 신라를 격퇴했다는 글이 남아 있어.

④ 수탉

② 송양왕

① 난생 설화, ② 국가 건국

전성기 편

⑤ 지금은 우리나라 충청북도 충주에 있어요.

④ 신라에 침입한 왜를 격퇴하였다.

② 장수왕

③ 진대법

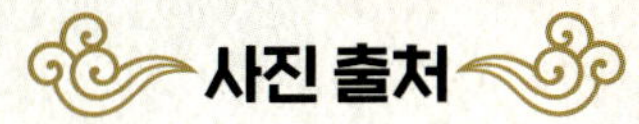

사진 출처

16쪽 오녀산성 원경_임기환 제공

40쪽 오녀산_위키미디어(Sohan Dsouza)

47쪽 오녀산성_위키미디어(Sohan Dsouza)

54쪽 동명왕릉_위키미디어

56쪽 광개토대왕릉비_위키미디어(Yumeto)

57쪽 재발견 당시의 광개토대왕릉비_위키미디어

65쪽 오두산성 성벽_문화재청 국가유산포털
오두산 출토 유물_문화재청 국가유산포털

67쪽 호우총 발굴 현장_국립중앙박물관
신라 호우_국립중앙박물관
신라 그릇 바닥_국립중앙박물관

68쪽 경주 내물왕릉_문화재청 국가유산포털

71쪽 요동 혼강의 전경_바이두

요하의 전경_바이두

76쪽 개마무사 벽화_위키미디어
철체 창 촉_국립중앙박물관
철제 등자_위키미디어
중국에 있는 고구려 산성_위키미디어(Traineek)

77쪽 광개토대왕 영정_한국 공예·디자인진흥원 전통문화포털

79쪽 광개토대왕릉비 탁본_국립중앙박물관

81쪽 태왕릉_위키미디어(EditQ)

82쪽 장군총_위키미디어(Prcshaw)

90쪽 송 태조 문제 초상화_위키미디어

100쪽 충주 고구려비_문화재청 국가유산포털

101쪽 쌍영총 벽화 모사도_국립중앙박물관

105쪽 연천 호로고루성_문화재청 국가유산포털

106쪽 장안성 칠성문_임기환 제공

108쪽 충주 고구려비 3D 복원 모형_문화재청 국가유산포털

벌거벗은 한국사

⓫ 동아시아 강대국 고구려의 탄생과 전성기

기획 tvN STORY 〈벌거벗은 한국사〉 제작진 | **글** 이현희 | **그림** 이효실 | **감수** 임기환

1판 1쇄 인쇄 | 2025년 10월 15일
1판 1쇄 발행 | 2025년 10월 31일

펴낸이 | 김영곤
프로젝트1팀장 | 이명선
기획개발 | 채현지 김현정 권정화 우경진 오지애 최지현
영업팀 | 정지은 한충희 남정한 장철용 강경남 황성진 김도연 이민재
디자인 | 윤수경 **구성** | 김은영 **제작팀** | 이영민 권경민

펴낸곳 | (주)북이십일 아울북
등록번호 | 제406 - 2003 - 061호 **등록일자** | 2000년 5월 6일
주소 | 경기도 파주시 회동길 201(문발동) (우 10881)
전화 | 031 - 955 - 2145(기획개발), 031 - 955 - 2100(마케팅·영업·독자문의)
브랜드 사업 문의 | license21@book21.co.kr
팩시밀리 | 031 - 955 - 2177
홈페이지 | book21.com

ISBN 979-11-7357-550-1
ISBN 978-89-509-4298-4(세트)

* 잘못 만들어진 책은 구입하신 서점에서 교환해 드립니다.
* 가격은 책 뒤표지에 있습니다.

⚠주의 1. 책 모서리가 날카로워 다칠 수 있으니 사람을 향해 던지거나 떨어뜨리지 마십시오.
2. 보관 시 직사광선이나 습기 찬 곳을 피해 주십시오.

다양한 SNS 채널에서
아울북과 을파소의 더 많은 이야기를 만나세요.

유튜브
@아울북&을파소

• 제조자명 : (주)북이십일
• 주소 및 전화번호 : 경기도 파주시 회동길 201(문발동) 031 - 955 - 2100
• 사용연령 : 3세 이상 어린이 제품
• 제조연월 : 2025. 10. 31
• 제조국명 : 대한민국
• 사용연령 : 3세 이상 어린이 제품

• **일러두기** 이 책에 나오는 지명과 인명은 《표준국어대사전》을 따라 표기하였습니다.

비교하면 더 잘 보이는 역사!

서로 다른 시대, 다른 나라의 사건이라도 놀랍게
닮은 장면이 숨어 있을지도 몰라요. 세계사 퀴즈를 풀며
한국사와의 연결 고리를 찾아보세요!

로마의 정치 체제가 어떻게 바뀌어 갔는지 시대 순서에 맞기 번호를 써 보세요.

왕정 원로원에서 투표로 뽑은 왕이 다스린 시대	공화정 원로원, 민회, 집정관이 견제와 균형을 이룬 시대	제정 황제가 권력을 독점하여 제국을 다스린 시대
(　　)	(　　)	(　　)

로마가 기원전 3세기 중엽부터 2세기 중엽까지 카르타고와 치른 전쟁을 포에니 전쟁이라고 해요. 다음 문장에 알맞은 낱말을 골라 O 해 보세요.

① 로마는 카르타고의 영향력 아래에 있는 (로도스섬 / 시칠리아섬)을 차지하기 위해 1차 전쟁을 일으켜 승리했다.
② 카르타고의 (한니발 / 스키피오) 장군은 알프스산을 넘어 로마를 공격하며 2차 전쟁을 일으켰으나 로마가 역전승을 거두었다.
③ 로마는 카르타고를 폐허로 만든 3차 전쟁으로 (지중해 / 아프리카) 패권을 장악했다.